Bist du auf der Suche nach weiteren spannenden Rätsel-Abenteuern?

Löse spannende Rätsel-Postkarten wie zum Beispiel die Suche nach dem legendären Piratenschatz.

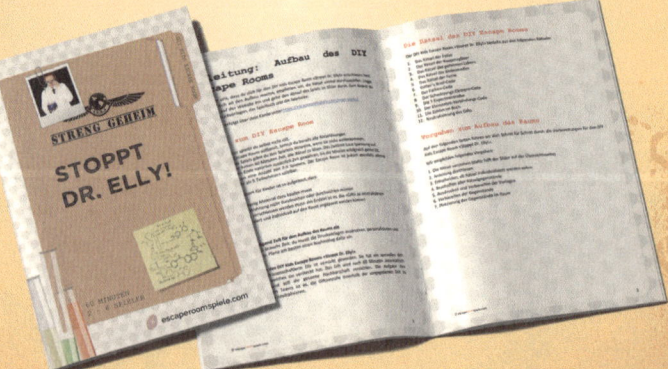

Oder verwandle dein Zuhause in einen echten Escape Room und sei für einen Tag ein Special Agent auf geheimer Mission!

Alle Rätsel-Abenteuer auf:

escaperoomspiele.com

Andreas Völlinger
Geheim! – Burg Tollkühn
Löse das Rätsel des magischen Buchs

Weitere Titel des Autors:

Burg Tollkühn

Burg Tollkühn – Verrat auf der Heldenschule

Andreas Völlinger

GEHEIM!

—

Löse das Rätsel des magischen Buchs

Mit Illustrationen von
Zapf

BAUM
HAUS

Noch mehr tolle Bücher, viele Videos und Ideen zum Basteln, Rätseln, Backen, Zeichnen und Spielen gibt's hier: baumhausbande.com.

NACHHALTIG PRODUZIERT

Die Bastei Lübbe AG verfolgt eine nachhaltige Buchproduktion. Wir verwenden Papiere aus nachhaltiger Forstwirtschaft und verzichten darauf, Bücher einzeln in Folie zu verpacken. Wir stellen unsere Bücher in Deutschland und Europa (EU) her und arbeiten mit den Druckereien kontinuierlich an einer positiven Ökobilanz.

Originalausgabe

Das Werk wurde vermittelt durch Agentur Brauer.

Copyright © 2024 Bastei Lübbe AG, Schanzenstraße 6−20, 51063 Köln

Vervielfältigungen dieses Werkes für das Text- und Data-Mining bleiben vorbehalten.

Lektorat: Jennifer Buchholz
Umschlagkonzept: Kristin Pang
unter Verwendung einer Illustration von Zapf
Rätselentwicklung: Corinne Zangger und Eliane Zangger, escaperoomspiele.com
Gestaltung und Satz: Matthias Kapusta
unter Verwendung von Illustrationen von Zapf
Gesetzt aus der Arnhem
Druck: GGP Media GmbH, Pößneck
Grafiken: © shutterstock.com
Printed in Germany
ISBN 978-3-8339-0915-3

5   4   3   2   1

Besuche die Heldenschule Burg Tollkühn und löse gemeinsam mit Siggi, Brünhild und Filas das Rätsel um das magische Buch!

Wie? Ganz einfach: Schnapp dir ein Schwert, einen Schild – oder, falls du die gerade nicht in der Nähe hast, einen Stift und fang an zu lesen. Am Ende jedes Kapitels erwartet dich ein Rätsel.

Die Schwerter zeigen an, wie knifflig das Rätsel ist:

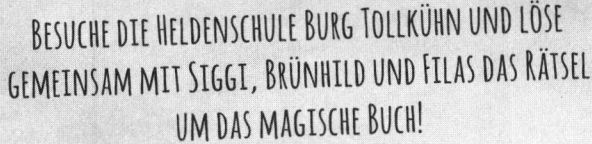 = Das Rätsel ist einfach zu lösen!

= Hier wird es schon schwieriger!

= Achtung, jetzt ist Köpfchen gefragt!

Aber keine Sorge, falls du Hilfe brauchst, findest du hinten im Buch jeweils zwei Tipps (ab S. 198). Und immer am Anfang des nächsten Kapitels wird die Lösung verraten.

Viel Spaß!

1. Der Krähen-Kurier

D u schaffst das, Siggi!«, rief Filas.

Siggi war sich da nicht so sicher. Er stand auf einer schmalen, leicht schwankenden Hängebrücke, die quer über eine Ecke des Burghofs gespannt war, und wünschte sich weit, weit weg.

Nicht nur war der sichere Erdboden viel zu weit entfernt von hier – die verflixte Brücke hatte nicht einmal Geländer zum Festhalten! Siggi hätte schon schwer damit zu kämpfen gehabt, die wankenden Bretter einfach nur zu überqueren. Aber es war viel schlimmer gekommen: Er sollte sich hier oben auch noch mit jemandem duellieren!

Sein Gegner winkte ihm vom anderen Ende der Brücke zu. Gunnar war ungefähr doppelt so groß wie Siggi und hatte offenbar keine Probleme, in luftiger Höhe auf dieser schwankenden Katastrophe herumzulaufen. Er lächelte sogar voller Vorfreude, während er mit großen Schritten näher stapfte.

Siggi klammerte sich an den langen Holzstab, der an beiden Enden gepolstert war. Damit sollten die beiden Heldenschüler versuchen, sich gegenseitig von der Brücke zu stoßen.

Der einzige Lichtblick waren die Strohsäcke, die im Burghof

unter der Hängebrücke verteilt lagen. Ihre Kampfsport-Lehrerin Grimma die Gnadenlose war gegen die Säcke gewesen, weil sie meinte, dass sich ohne sie alle mehr Mühe geben würden. Aber zum Glück hatte Gudrun, die Schulleiterin, ihr das verboten.

»Auf Heldenmissionen gibt es auch keine Strohsäcke, wenn man von einer Hängebrücke in eine Schlucht stürzt«, hatte Grimma gemurrt. Doch Gudrun war der Meinung, dass die Heldenschüler noch nicht reif dafür waren.

Gunnar war in der Mitte der Brücke angekommen und wartete gelangweilt auf Siggi. Vom Burghof aus blickten die übrigen Heldenschüler und ihre Lehrerin Grimma erwartungsvoll zu ihnen nach oben.

»Beweg endlich deinen dürren Hintern, Siegfried Junior«, dröhnte Grimmas unüberhörbare Stimme zu Siggi empor. Siegfried Junior – das war Siggis voller Name. Er war nach seinem Vater, dem berühmten Helden Siegfried, benannt. Außer dem Namen hatte Siggi jedoch leider nicht viel mit seinem Vater gemeinsam. Vor allem nicht dessen legendären Heldenmut, der in diesem Moment sehr hilfreich gewesen wäre.

Da Siggi vor Grimma noch mehr Angst hatte als vor der schwankenden Brücke, setzte er sich langsam, seeehr langsam in Bewegung.

»Du schaffst das, Siggi! Du kannst gewinnen!«, hörte er Filas wieder von unten rufen. Siggis Elfenfreund hatte eine unglaublich positive Sicht auf die Welt. Denn dass Siggi den Kampf gegen Gunnar, den wohl besten und stärksten Kämpfer unter den Heldenschülern, gewinnen würde, war völlig ausgeschlossen.

Als Siggi im Schneckentempo heranschlich, grinste Gunnar und wirbelte seinen Kampfstab leichthändig durch die Luft.

»Soll ich es schnell und schmerzlos machen?«, wollte er wissen.

Schmerzlos wäre toll, dachte Siggi.

»Denk an deine Körperhaltung, Siggi!«, rief Brünhild, die neben Filas stand.

»Beine schulterweit auseinander und locker in der Hüfte bleiben!«

Siggis Freundin Brünhild, die viel besser mit Waffen umgehen konnte als er, hatte vorher mit ihm Attacken und Paraden mit dem Kampfstab eingeübt. Aber es war etwas ganz anderes, die richtige Haltung auf dem Erdboden zu finden als hier in der Luft, wo Siggi vor Höhenangst kaum einen Fuß vor den anderen setzen konnte. Ob er sich einfach kampflos auf die Strohsäcke fallen lassen sollte?

»Vielleicht sollte Gunnar nicht gegen Siggi kämpfen, sondern ihn retten!«, meldete sich Hagen unter dem Gekicher einiger Mitschüler zu Wort. Der angeberische Schnösel hatte es vom ersten Schultag an auf Siggi abgesehen und liebte es, ihn runterzumachen.

Doch dieses Mal erreichte Hagen mit seiner Gemeinheit, dass Siggi sich entschloss, nicht freiwillig von der Brücke zu springen. Den Gefallen wollte er Hagen nicht tun. Mal davon abgesehen, dass Siggi viel zu viel Angst vor dem Sprung hatte.

Er schob seine Füße noch ein Stück weiter über die Planken der Brücke auf Gunnar

zu, der jetzt in Angriffshaltung ging. Siggi schluckte und packte seinen Kampfstab fester.

»Siggi?«, krächzte da eine Stimme von der Seite.

Langsam drehte Siggi seinen Kopf nach links. Auf der Burgmauer, ein paar Meter entfernt, saß eine große Krähe und glotzte ihn an. Hatte sie gerade wirklich seinen Namen gesagt?

Blödsinn, ihr Krächzen musste nur irgendwie so ähnlich geklungen haben. Oder er verlor langsam den Verstand – was Siggi in seiner Situation überhaupt nicht gewundert hätte.

Er hatte Gunnar nun fast erreicht, doch der großgewachsene Heldenschüler wollte offenbar nicht länger warten. Er machte einen Schritt vor und stieß mit seinem Kampfstab nach Siggi. Der wich zurück und hätte beinahe das Gleichgewicht verloren. Nur mit viel Mühe hielt sich Siggi auf der nun stärker schwankenden Brücke aufrecht.

In diesem Moment schoss ein dunkles Etwas von der Seite auf ihn zu. Die Krähe kam herangeflogen!

»Nein, weg!«, zischte Siggi erschrocken. Doch der schwarzgefiederte Vogel flatterte um ihn herum.

»Siggi«, krächzte die Krähe.

»Was will das Viech denn?«, brummte Gunnar überrascht. Er hieb nun mit seinen Stab nach der störenden Krähe, die ihm aber flink auswich. Ihr Gekrächze klang dabei wie ein Lachen.

Gunnar war es gewohnt zu gewinnen, also schlug er weiter und heftiger nach dem schwarzen Vogel. So heftig, dass er plötzlich das Gleichgewicht verlor und mit einem erstaunten »Hä?!« auf den Lippen von der Hängebrücke kippte!

Kopfüber landete Gunnar in den Strohsäcken.

Die Brücke schwankte nun so stark, dass Siggi vornüber mit dem Bauch auf die Holzplanken fiel und sich panisch an ihnen festklammerte.

Es dauerte eine Weile, bis das Geschwanke wieder nachließ. Siggi war schon ganz schlecht davon. Da landete die Krähe direkt vor ihm und streckte ein Bein aus. In ihrer Kralle hielt sie einen Brief.

»Siggi«, krächzte die Krähe wieder.

»Ist ... ist der für mich?«, fragte Siggi verdutzt. Die Krähe nickte. Vorsichtig ließ Siggi mit der rechten Hand die Brücke los und nahm den Brief entgegen.

Die Krähe krächzte zufrieden und stieß sich mit kräftigen Flügelschlägen von der Brücke ab.

»Da kommt der Sieger des Duells«, jubelte Filas, als Siggi mit immer noch furchtbar zittrigen Beinen die Treppe in den Burghof hinabstieg.

»Er hat doch gar nichts gemacht«, beschwerte sich Gunnar, dem lauter Stroh in den Haaren steckte.

»Das Ziel des Übungskampfes war es, auf der Brücke zu bleiben. Siggi hat das im Gegensatz zu dir geschafft«, mischte sich Brünhild ein. Sie war immer sehr genau, was Regeln anging.

»Aber nicht, weil er so gut kämpfen kann«, erwiderte Gunnar sauer. »Da war halt dieser blöde Vogel!« Er sah hilfesuchend zu Grimma.

Die Barbarin verzog ihr narbiges Gesicht und brummte nachdenklich. »Auch wenn ich es wirklich nicht gerne sage: Brünhild hat Recht. Warum ihr im Kampf von einer Brücke fallt, ist letztendlich egal. Gewonnen hat immer der, der oben bleibt. Ihr dürft euch eben niemals ablenken lassen, schon gar nicht, wenn es um Leben und Tod geht.«

Da nicht mal der heldenhafte Gunnar mutig genug war, um sich mit der muskelbepackten Lehrerin für *Kampfsport* anzulegen, war die Sache damit erledigt.

Als die Schulstunde kurz darauf vorbei war und sich die Kinder im Burghof verstreuten, klopfte Filas Siggi begeistert auf die Schulter. »Das wird deine erste gute Note in Kampfsport!«

»Aber was war da genau mit dieser verrückten Krähe los?«, wollte Brünhild wissen.

Siggi zog den Brief aus seiner Hose. »Sie hat meinen Namen gesagt und mir das hier gebracht«, erklärte er, immer noch etwas ungläubig.

Brünhild und Filas beäugten den Umschlag voller Neugierde.

»Was sind das für merkwürdige Striche?«, wollte Filas wissen.

»Keine Ahnung«, meinte Brünhild.

Der Brief war versiegelt. Aber nicht wie üblich mit nur *einem* Siegel aus Wachs, sondern mit stolzen *fünf*!

»Auf jeden Fall scheint der Brief ganz schön wichtig zu sein. Mach ihn doch auf«, verlangte Filas aufgeregt.

Doch Brünhild ging eilig dazwischen. »Nein, stopp! Rühr die Siegel nicht an!«

Siggi sah seine Freundin erstaunt an. »Kann ich die nicht einfach aufbrechen?«

Brünhild schüttelte entschieden den Kopf, sodass ihr roter Haarschopf hin und her flog. »Das ist eine magische Siegelkette! Wenn du sie einfach brichst, zerstört sie den Brief!«

Während die Eltern der meisten Heldenschüler selbst Helden waren, waren Brünhilds Eltern Schriftgelehrte. Das war Brünhild etwas peinlich, denn Schriftgelehrte galten als ziemlich unheldenhaft. Aber dafür wusste sie oft Dinge, von denen ihre Mitschüler keine Ahnung hatten.

»Äh, und wie bekomme ich den Brief dann auf?«, fragte Siggi verdutzt.

Brünhild überlegte. »Ich glaube, du musst die Siegel in der richtigen Reihenfolge öffnen ...«

»Aber welche Reihenfolge kann das sein?« Siggi starrte gedankenverloren auf die Siegel mit ihren unterschiedlichen Symbolen. Das größte Siegel mit dem Krähenkopf war bestimmt das wichtigste und damit das erste. Aber was kam danach?

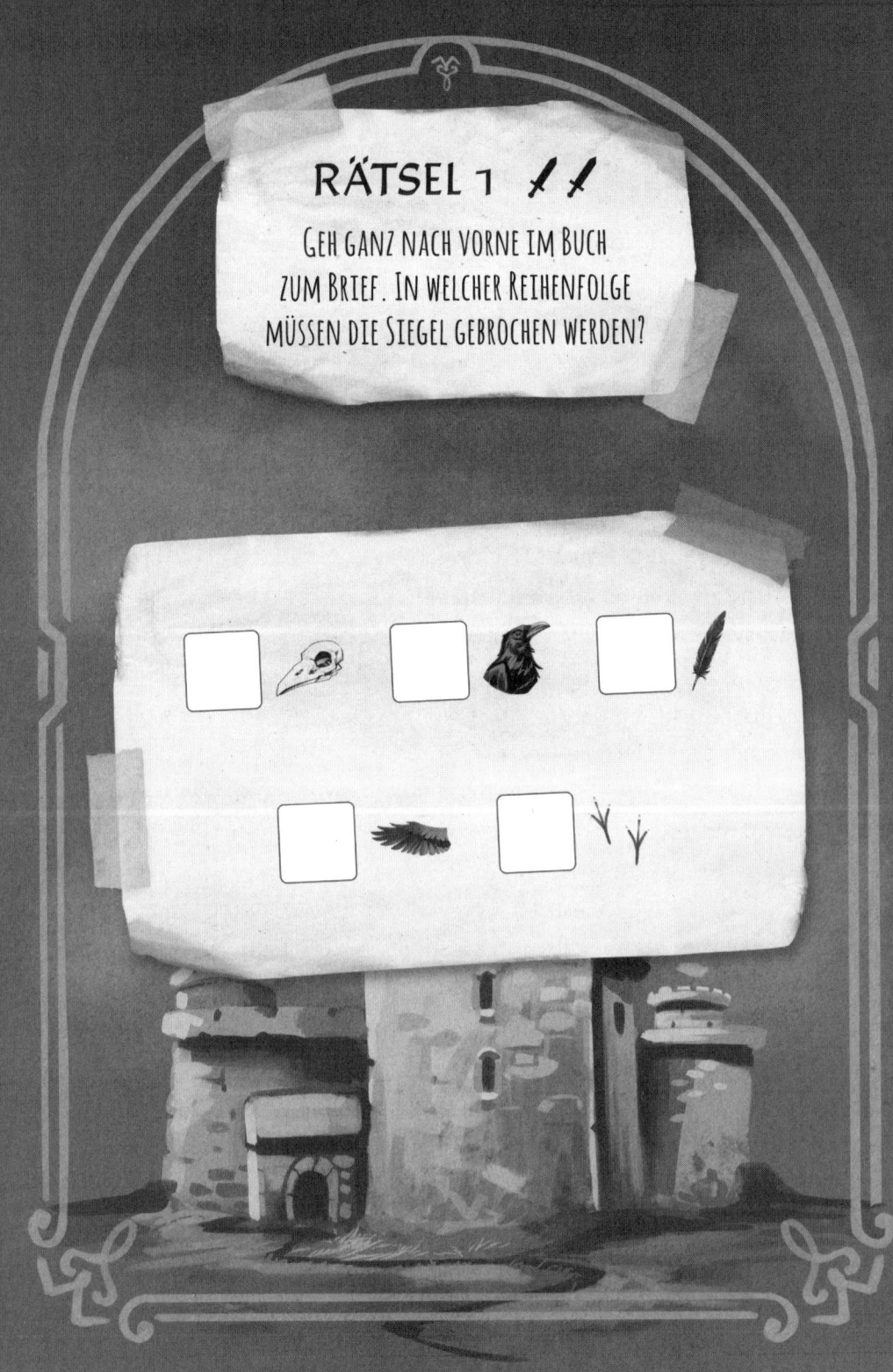

2. Ein sehr rätselhafter Brief

Findet ihr nicht auch, dass die Krähe zu den Fußspuren rüberglotzt?«, wollte Filas wissen.

»Stimmt«, sagte Brünhild. »Und die Fußspuren laufen zu der Feder ... die wiederum zeigt auf den Flügel ...«

»Und der Flügel auf den Schädel, der zurück auf die Krähe weist«, vollendete Siggi aufgeregt. »Das könnte die Reihenfolge sein!«

Da Siggi zu viel Angst hatte, dass der Brief bei einem Fehler in seiner Hand in Flammen aufging oder explodierte, musste Brünhild die Siegel lösen. Aufgeregt begann sie mit dem, das die Krähe zeigte, und knibbelte dann eins nach dem anderen ab. Als sie beim letzten mit dem Schädel angekommen war, hielten alle drei die Luft an. Dann löste Brünhild es ab.

Die Siegel glühten kurz auf. Aber der Brief blieb heil. Brünhild reichte ihn zurück an Siggi, schließlich hatte die Krähe ihm den Brief gebracht. Mit zitternden Händen faltete er das Pergamentpapier auseinander.

»Wackel nicht so, Siggi, wie sollen wir das denn lesen?«, beschwerte sich Filas.

»Meine Hände zittern halt vor Aufregung«, erklärte Siggi.

ÖFFNE JETZT DEN BRIEF VORNE IM BUCH
UND LIES IHN DIR DURCH.

Die drei Freunde sahen sich mit großen Augen an.

»Hä?«, machte Filas. »Das *Wann* und das *Wo*? Was soll das denn sein?«

Siggi starrte ihn ungläubig an. »Das beschäftigt dich jetzt? Nicht, dass unserer Schule – und damit auch uns – große Gefahr droht?!«

Brünhild legte die Stirn in Falten. »Na ja, das behauptet der Briefeschreiber einfach. Wer weiß, ob es überhaupt stimmt. Vielleicht ist das nur ein schlechter Scherz von irgendwem.«

Siggi atmete erleichtert auf. Diese Erklärung gefiel ihm viel besser als eine echte Gefahr. »Du hast Recht! Da stecken bestimmt Hagen und seine Freunde hinter.«

Filas zupfte verwundert an seiner wilden Haarmähne. »Du meinst, Hagen kann Krähen zähmen und ihnen beibringen, deinen Namen zu sagen?«

»Oh, stimmt ... wohl eher nicht.« Siggi ließ enttäuscht die Schultern sinken. Er hatte sich so sehr gewünscht, dass diese gruselige Nachricht nur erfunden war.

»Aber manche Lehrer könnten das schon«, überlegte Brünhild. »Was wäre, wenn es eine Überraschungsprüfung ist?« Brünhild wollte eines Tages die beste Heldin aller Zeiten werden. Daher nahm sie den Unterricht und ihre Prüfungen sehr, sehr ernst.

»Auf jeden Fall kennt der Verfasser des Briefs unsere Namen«, stellte Siggi fest. »Aber was sind das nur für seltsame Zeichen?«

»Warum steht ihr drei denn hier rum?«, erklang eine gewaltige Stimme hinter ihnen. Die drei drehten sich blitzschnell herum, wobei Siggi den geheimnisvollen Brief hinter dem Rücken verschwinden ließ.

Vor ihnen hatte sich Gudrun, die Schulleiterin, aufgebaut. Sie hatte einst zu den Walküren gehört, legendären Kriegerinnen, über die man sich viele unglaubliche Geschichten erzählte. Mittlerweile waren die dicken, geflochtenen Zöpfe, die unter ihrem geflügelten Helm herabhingen, silbergrau. Und man sah Gudrun an, dass sie nicht mehr in gewaltige Schlachten zog, sondern lieber gewaltige Schlachtplatten leer futterte.

Anstatt in den langweiligen Ruhestand zu gehen, bildete Gudrun Nachwuchshelden auf der Burg aus, die sie von ihrem Großonkel geerbt hatte. So war die erste Heldenschule der achteinhalb Königreiche entstanden.

»Wir ... wir ...«, stotterte Brünhild, die unglaublich schlecht im Flunkern war und dabei meistens knallrot wurde.

»Wir lassen uns gerade von Siggi erklären, wie er Gunnar im Zweikampf von der Hängebrücke stoßen konnte«, kam Filas ihr mit einem unschuldigen Grinsen zu Hilfe.

Gudrun runzelte misstrauisch die Stirn. Das klang nicht nach dem Siggi, den sie kannte.

»Siggi hat also einen Kampf gegen Gunnar gewonnen?!«, fragte sie argwöhnisch.

Brünhild nickte. »Ja, hat er wirklich.« Da das nicht gelogen war, lief sie dabei auch gar nicht rot an.

»Das ist ... erstaunlich«, urteilte Gudrun verblüfft. »Aber es ändert nichts daran, dass ihr gerade euren Heilkunde-Unterricht schwänzt.«

Siggi sah sich überrascht um. Der Burghof war wie leergefegt. Sie waren so sehr mit dem Brief beschäftigt gewesen, dass sie nicht gemerkt hatten, dass die kurze Pause vorbei und alle anderen Schülerinnen und Schüler wieder im Unterricht waren.

»Dann gehen wir mal lieber schnell«, stieß er eilig hervor und zog an Filas' Arm, damit der Elf ihm folgte.

»Nicht so eilig«, stoppte Gudrun sie. »Ihr kennt unsere Schulregeln, und Zuspätkommen wird nicht geduldet, denn ...«

»Helden sind niemals zu spät«, murmelten Siggi, Brünhild und Filas wenig begeistert im Chor.

»Genau.« Gudrun nickte zufrieden. »Damit ihr das nicht wieder vergesst, könnt ihr nach Schulschluss die Waffenkammer aufräumen. Und jetzt Abmarsch in den Unterricht!«

Der Heilkunde-Unterricht fand in einem der beiden Türme der Burg statt. Hier hatte Alchemir sein Reich. Der Lehrer war ein echter Magier, der zuvor an der Akademie für Weiße Magie unterrichtet hatte. Gerüchten zufolge war er dort jedoch hochkant rausgeflogen, bevor er die Stelle auf Burg Tollkühn angetreten hatte. Angesichts all der Explosionen, Unfälle und Missgeschicke in seinem Unterricht wunderte das Siggi nicht.

Auf Burg Tollkühn unterrichtete er nicht nur *Heilkunde*, sondern auch das Fach *Tränke und Magische Artefakte* und war dafür verantwortlich, die nicht seltenen Verletzungen der Schülerschaft zu behandeln.

In *Heilkunde* lernten die Mädchen und Jungen, Wunden selbst zu verarzten sowie brauchbare Gegengifte und Heiltränke herzustellen. Es war schließlich zu ärgerlich, wenn ein Held zwar einen heldenhaften Kampf überlebte, aber danach ins Gras biss, weil er nicht wusste, wie man einen ordentlichen Verband anlegte. Oder was man nach dem Biss einer tollwütigen Fledermaus oder dem Stich einer giftigen Skorpion-Ente machen musste.

Heute sollten die Heldenschüler eine einfache Heilsalbe selbst herstellen.

»Ihr braucht nur zwei Büschel Snorrkraut, eine Handvoll gelb gepunkteter Schleimkopfpilze, den Saft einer Moor-Rübe, vier fünfblättrige Zweibeeren und ein paar Morgentautropfen«, erklärte Alchemir und wies auf die Zutaten, die er vorne auf seinem Experimentiertisch ausgebreitet hatte. Dass Siggi, Brünhild und Filas erst mit Verspätung und eine Entschuldigung murmelnd aufgetaucht waren, hatte er gar nicht mitbekommen. Er war auch nicht der Typ Lehrer, der Strafen verteilte. Gudrun leider schon.

Während Alchemir vorführte, wie man die Zutaten zerkleinerte und vermischte, fiel es Siggi schwer, sich zu konzentrieren. Eigentlich passte er immer sehr gut in *Heilkunde* auf, denn schließlich hatte er eine Heidenangst davor, an irgendeiner Verletzung oder Vergiftung zu sterben. Aber der geheimnisvolle Brief ließ ihm keine Ruhe. Was war das nur für eine Gefahr, die der Schule drohte? Und wie sollten sie mehr darüber erfahren?

Unterm Dreiertisch, an dem er zwischen Brünhild und Filas saß, faltete er den Brief erneut auseinander.

»Das Wann und das Wo ...«, murmelte er nachdenklich.

»Lass mich auch noch mal gucken«, flüsterte Filas auf seine viel zu laute Art und streckte die Hand nach dem Brief aus.

»Ich bin noch nicht fertig«, zischte Siggi.

»Habt ihr eine Frage zum Mischen der Zutaten?«, wollte Alchemir wissen, während er so schnell in seinem großen Salbentiegel rührte, dass Kleckse der Masse auf seine Robe spritzten.

»Wir fragen uns ...«, begann Siggi, »öh, wie in aller Welt du so schnell umrühren kannst. Ist das etwa Magie?«

Alchemir lachte schallend, während er noch wilder umrührte und ein dicker Klecks Salbe an der Wand landete.

»Nein, nein, Siggi. Das ist meine spezielle Umrührtechnik! Kommt alles aus dem Handgelenk. Siehst du, wie ich mit dem Löffel eine dreiviertel Kreisbewegung mache und dann im Zickzack rauf und runter?«

Während Siggi pflichtbewusst auf Alchemirs Hand starrte, zog Filas ungeduldig unter dem Tisch an dem Brief. Aber Siggi ließ nicht los.

»Jetzt, wo die Salbe gleich fertig ist, würde ich ihre schnelle

Wirkung gerne vorführen«, verkündete Alchemir. »Hat jemand unter uns zufällig gerade eine frische Verletzung?«

Alle schüttelten den Kopf. Da Alchemirs Kreationen oft unbeabsichtigte Nebenwirkungen hatten oder etwas ganz anderes bewirkten, als sie sollten, hätte sich vermutlich auch niemand gemeldet, der wirklich eine Verletzung hatte.

»Ich kann gerne jemandem eine kleine Verletzung verpassen«, bot Tulga die Zwergin eilfertig an und ließ voller Vorfreude ihre Fingerknöchel knacken. Tulga liebte Gewalt.

Alchemir schien für einen Moment darüber nachzudenken. Aber dann schüttelte er den Kopf. »Ähm, danke für das Angebot, Tulga. Ein andermal vielleicht.«

Filas zerrte erneut an dem Brief. »Komm schon, Siggi, ich will auch mal gucken.«

Siggi wollte erst nicht loslassen, aber aus Angst, der Brief würde zerreißen, tat er es dann doch. Da Filas im selben Moment aufgab und ebenfalls losließ, segelte der Brief zu Boden.

Ein Windhauch, der durchs offene Fenster kam, wehte das Pergamentblatt ein Stück weiter in Richtung Nachbartisch. Und dort saß ganz außen ausgerechnet Hagen. Als er mitbekam, dass Siggi und Filas erschrocken auf den Boden schielten, war sein Interesse an dem Brief geweckt.

»Ist das etwa ein Liebesbrief an unsere Schulleiterin?«, raunte er hämisch und beugte sich zur Seite runter, um das Schriftstück aufzuheben.

Filas streckte schnell sein langes Bein aus, um den Brief mit dem Fuß zu sichern, bevor Hagen ihn erreichen konnte. Doch statt den Fuß nur auf den Brief zu stellen, stampfte er damit kräftig auf Hagens Hand.

Hagen gab einen quietschig-schrillen Schmerzenslaut von sich und zog seine Hand weg. Während alle im Raum Hagen anstarrten, konnte Filas mit einiger Mühe den Brief mit dem Fuß zu sich rüberziehen.

»Was ist denn los, Hagen?«, wollte Alchemir wissen.

Hagen hielt anklagend seine Hand hoch.

»Der blöde Elf hat mir mit seinem Trampelfuß auf die Hand getreten! Dabei wollte ich nur diesen Brief aufheben, der ihm runtergefallen ist.«

»Oje, hast du Schmerzen?«, erkundigte sich Alchemir mitfühlend.

Hagen nickte heftig. Selbst, wenn er keine Schmerzen gehabt hätte, hätte er es behauptet, nur um Filas eins auszuwischen. »Meine Hand tut furchtbar weh. Vielleicht ist sie gebrochen.«

Erst als Hagen das erfreute Blitzen in Alchemirs Augen sah, wurde ihm klar, dass er in eine Falle getappt war.

»Keine Sorge, das haben wir gleich«, verkündete der Lehrer begeistert und näherte sich mit dem großen Salbentiegel. »Etwas frisch angerührte Heilsalbe drauf – und die Hand ist wie neu!«

»N-nicht nötig«, versicherte Hagen eilig und ließ seine Hand schnell wieder sinken. Sie sah wirklich ganz schön rot und etwas geschwollen aus.

»Es wird nicht wehtun, im Gegenteil«, versicherte Alchemir und holte einen dicken Klumpen Salbe aus dem Tiegel.

»Du hast doch nicht etwa Angst vor etwas Heilsalbe, Hagen, oder?«, wollte Brünhild scheinheilig wissen.

Hagen, der gerne so tat, als wäre er ein geborener Über-Held, konnte das natürlich nicht zugeben.

»Natürlich nicht«, blaffte er und hielt Alchemir mit verkniffener Miene seine lädierte Hand hin. Großzügig klatschte der Lehrer die Heilsalbe drauf und verrieb sie.

Filas reichte Siggi derweil mit einem entschuldigenden Grinsen den nun ganz schön zerknitterten Brief zurück. Brummelnd strich Siggi den Brief so gut es ging wieder glatt. Dabei drehte er ihn um – und ihm fiel auf, dass die merkwürdigen Striche auf der einen Seite und die geheimnisvollen Zeichen auf der anderen Seite des Briefes direkt hintereinander lagen. Gehörten sie irgendwie zusammen?

RÄTSEL 2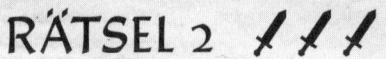

KANNST DU MITHILFE DES BRIEFS ZEIT UND ORT DES TREFFPUNKTS ENTSCHLÜSSELN?

ZEIT: _____

_____

ORT: _____

_____

3. RAUFELL

Siggi hatte eine Idee und griff nach seiner Schreibfeder. Er tauchte sie ins Tintenfass und zog die senkrechten Linien auf der Außenseite des Briefs kräftig nach. Die dunkle Tinte sickerte in das Papier ein. Dann drehte er das Blatt gespannt um. Auf der anderen Seite waren die mit Tinte nachgezogenen Linien nun ebenfalls zu sehen. Und mit den senkrechten Linien dort ergaben sie auf einmal Buchstaben!

Siggi wollte Brünhild und Filas seine Entdeckung zeigen, aber die Freunde starrten mit großen Augen zu Hagen rüber. Seine Hand war nun nicht mehr nur geschwollen, sondern zu ihrer vierfachen Größe angewachsen. Außerdem bildeten sich grüne Schuppen auf ihr, wie bei einem Echsenwesen.

»Was passiert da mit meiner Hand?«, ächzte Hagen entsetzt.

»Äh, ha-ha, das muss eine kleine Nebenwirkung der Salbe sein«, meinte Alchemir. »Vielleicht waren die Schleimkopfpilze etwas angeschimmelt, oder es waren in Wirklichkeit Glibberlinge, die sehen sich recht ähnlich.« Dabei hielt der Lehrer seine eigene Hand, mit der er die Salbe aufgetragen hatte, auffällig hinter seinem Rücken verborgen.

Mittlerweile hatte Hagen statt einer Menschenhand eine viel zu große, grün-geschuppte Pranke mit Krallen an seinem rechten Arm sitzen. Anklagend hielt er sie hoch.

»Wie soll ich denn mit dieser hässlichen Monsterklaue ein Held sein?«, jammerte er. Dann ließ er die monströse Pranke auf den Tisch fallen, die augenscheinlich viel zu schwer war für seinen im Vergleich zu kurzen und dünnen Arm.

»Die Stunde ist vorbei!«, rief Alchemir mit einem angestrengten Lächeln, während hinter seinem Rücken ebenfalls monströs große Monsterkrallen hevorlugten. »Nächstes Mal mischt ihr eure eigene Heilsalbe. Hagen, du bleibst noch hier. Wir können ausprobieren, ob meine neue Tinktur gegen Kopfhautschuppen auch gegen monströse Echsenschuppen hilft.«

»Bitte nicht«, stöhnte Hagen.

Draußen auf dem Burghof zog sich Siggi eilig mit Brünhild und Filas hinter die große Statue von Wulfrik dem Tollkühnen, dem Namensgeber der Burg, zurück. Normalerweise würden sie sich über das Missgeschick ihres Erzfeindes amüsieren, doch der mysteriöse Brief war im Moment wichtiger.

»Ich hab das Rätsel gelöst. Schaut doch!« Stolz hielt Siggi ihnen den Brief hin.

»Vierte Stunde nach Mittag. Markt Mistelheim«, las Brünhild.

»Das wären also das Wann und das Wo!«, freute sich Filas.

Mistelheim war ein kleiner Ort, der nicht weit von Burg Tollkühn entfernt lag. Manchmal durften die Schülerinnen und Schüler in ihrer Freizeit dorthin laufen, um sich auf dem Markt Lakritze und anderen Süßkram zu kaufen.

»Dort wartet also der Verfasser des Briefs um vier Uhr heute Nachmittag auf uns«, sagte Brünhild. »Immerhin klingt das nicht nach einer Falle.«

»Dann wollen wir dort nachher hin?«, fragte Siggi. Sein Herz schlug vor Aufregung etwas schneller.

»Wenn wir wissen wollen, was es mit diesem Brief auf sich hat, bleibt uns wohl nichts anderes übrig«, stellte Brünhild fest. »Und wenn Burg Tollkühn wirklich in Gefahr ist, ist es unsere heldenhafte Pflicht, der Sache auf den Grund zu gehen.«

Vorher gab es jedoch Mittagessen. Anschließend war Siggi in *Heldengeschichte* in Gedanken so sehr bei dem mysteriösen Brief, dass er überhaupt nichts vom Unterricht mitbekam. Das war in diesem Fach aber oft so, denn die Geschichten irgendwelcher toller Helden von früher interessierten ihn nicht besonders. Im Gegensatz zu Brünhild, die die heroischen Legenden sonst geradezu aufsog, aber heute auch nicht ganz bei der Sache war. Als ihr Lehrer, der alte Ritter Jaromir von Donnerhall, sie etwas fragte, verwechselte sie sogar Kuno den Grandiosen mit Kuno dem Gnadenlosen, was ihr sonst nie passiert wäre.

Beim Armbrustschießen danach war Siggi so unkonzentriert, dass er einen Bolzen weit an der Zielscheibe vorbeischoss und um ein Haar Titanius, den Schulsekretär, getroffen hätte. Zum Glück war der Gnom so klein, dass der Bolzen über seinen Kopf hinwegsauste.

Filas, der immer von irgendetwas abgelenkt war, überbot das noch, als er sich beim Laden der Armbrust in den eigenen Stiefel schoss. Glücklicherweise traf er genau zwischen seine Zehen, sodass er nicht zu Alchemir musste und unter Umständen mit einem monströsen Echsenfuß zurückkam.

Nach Unterrichtsschluss trafen sich die drei Freunde wieder an Wulfriks Statue.

»Wir haben noch eine gute Stunde Zeit«, sagte Siggi mit Blick auf die große Sonnenuhr im Burghof. »Wollen wir fragen, ob wir nach Mistelheim dürfen, oder einfach heimlich gehen?«

»Wenn wir fragen, könnten die Lehrer Nein sagen«, warf Filas ein.

Siggi und Brünhild sahen sich an. Beiden war nicht wohl dabei, etwas Unerlaubtes zu tun und möglicherweise dabei erwischt zu werden. Aber ihnen blieb wohl nichts anderes übrig.

Siggi seufzte. »Filas hat Recht. Dann treffen wir uns wieder hier um – WAAAHHH!« Als er sich zum Gehen umdrehte, starrte er in zwei eisgraue Raubtieraugen! Mit einem Satz war Siggi auf den Sockel der Heldenstatue gesprungen und versuchte panisch, das steinerne Bein hochzuklettern.

Da stand ein Wolf – mitten auf dem Burghof!

»Komm da runter, Siggi! Die Statue ist nicht zum Klettern gedacht«, blaffte eine bekannte barsche Stimme. Grimma kam herangestapft.

»A-aber der Wolf …«, begann Siggi, während er sich an Wulfriks steinernes Bein klammerte.

»Du meinst Raufell?« Grimma tätschelte den silbergrau behaarten Rücken des großen Tieres. »Er ist ein *Wolfshund*, und er tut keinem was – solange ich es nicht will.«

»Seit wann hast du ihn?«, fragte Brünhild und musterte Raufell interessiert.

»Er ist mir erst vor Kurzem zugelaufen«, erzählte Grimma. »Draußen im Wald. Und da ich schon lange einen Wolfshund haben wollte, passte das perfekt.« Die Barbarin kraulte Raufell lächelnd hinter den Ohren. So entspannt und zufrieden hatten die Kinder sie noch nie gesehen.

Doch als Filas seine Hand ausstreckte, um Raufell zu streicheln, begann der große Wolfshund bedrohlich zu knurren.

Grimma schmunzelte. »Guter Junge. Lässt dich nicht von jedem streicheln, was?« Dann verschwand der ungewohnt freundliche Ausdruck von ihrem Gesicht. »Nun zu euch ... Gudrun hat mir mitgeteilt, dass ihr Chaoten die Waffenkammer aufräumen sollt. Und die hat es wirklich nötig.«

Oh nein. Das hatten sie ganz vergessen!

»Können wir das vielleicht ein andermal machen?«, wollte Filas wissen.

Grimma stierte ihn finster aus ihren dunklen Augen an. »Oho, habt ihr etwas Besseres zu tun?«

Filas nickte. »Kann man so sagen ... Uff!« Brünhilds Ellbogen bohrte sich warnend zwischen seine Rippen.

»Haben wir nicht«, sagte sie schnell und lief rot an.

»Dann: Mitkommen!«, brummte Grimma.

Als die drei Heldenschüler hinter ihrer Lehrerin die Waffenkammer der Burg betraten, traf sie der Schock. Waffen aller Arten und Größen waren in einem wilden Durcheinander in dem großen Raum verteilt. Viele lagen einfach auf dem Boden.

»Wenn ihr fertig seid, möchte ich jede Waffe am richtigen Ort sehen«, verlangte Grimma.

»Aber ... welche Waffe gehört denn an welchen Ort?«, wollte Filas wissen.

Grimma zog die Mundwinkel ein Stück hoch und zeigte die Zähne. Es sah fast aus wie ein Grinsen. »Das findet ihr schon raus. Viel Spaß!«

»Das schaffen wir nie rechtzeitig, um noch zum Treffpunkt zu kommen«, stöhnte Siggi verzweifelt, sobald die Lehrerin verschwunden war.

Brünhild schüttelte den Kopf. »Doch. Wenn wir schnell herausfinden, wie die Ordnung hier funktioniert, schaffen wir es vielleicht!«

RÄTSEL 3 ⚔️

FINDE HERAUS, WELCHE WAFFEN (A BIS D) AN DIE RICHTIGEN STELLEN (1 BIS 4) GEHÄNGT WERDEN MÜSSEN.

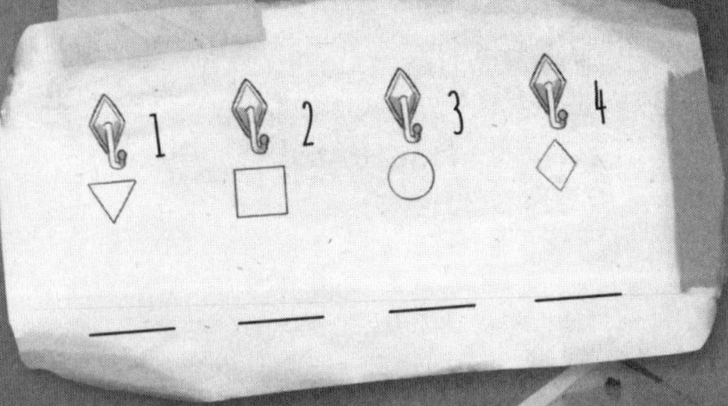

1 △ 2 □ 3 ○ 4 ◇

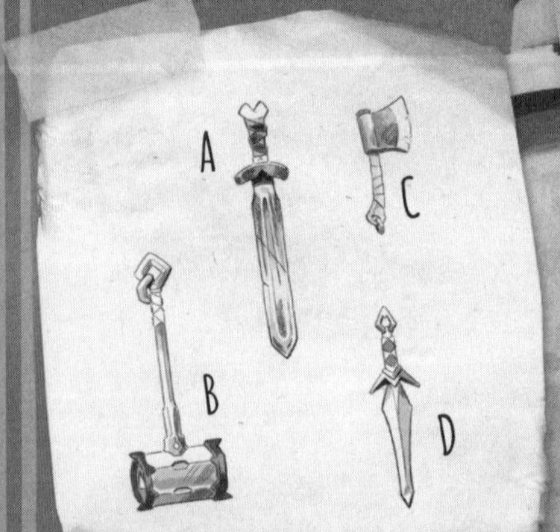

___ ___ ___ ___

A
C
B
D

TITANIUS

GRIMMA

KENDRA

DARX

4. FLUCHT AUS DER BURG

P uuh, das war's.« Siggi wischte sich mit dem Ärmel den
Schweiß von der Stirn. Sie hatten wirklich jede einzelne
Waffe an den zahlreichen Wandhaken, auf Ständern und in
Regalen untergebracht. Auch die persönlichen Waffen ihrer
Lehrerinnen und Lehrer. Zum Glück hatten sie bemerkt, dass
diese jeweils einem bestimmten Symbol zugeordnet werden
konnten: Grimmas Schwert hing am vierten Haken, Darx' Ham-
mer am ersten. Kendras Axt gehörte an den dritten Haken und
Titanius' Dolch an den zweiten.

Nachdem sie Grimma dazugeholt hatten, ließ die Barbarin ihren Blick eine Weile kritisch durch den Raum schweifen.
Dann gab sie sowas wie ein zufriedenes Grunzen von sich und
knurrte etwas, das wie »annehmbar« klang.

»Ist bei so guter Aufräumarbeit vielleicht eine kleine Belohnung drin?«, fragte Filas, bevor Brünhild oder Siggi ihn stoppen
konnten.

»Was?«, brummte Grimma überrascht.

»Na, zum Beispiel sowas wie ... ein Besuch in Mistelheim«,
erklärte Filas unschuldig lächelnd. »Vielleicht ja direkt jetzt?«

Siggi unterdrückte ein Stöhnen. Filas fragte ausgerechnet *die* Lehrerin um Erlaubnis, bei der sie die allergeringste Chance auf Erfolg hatten.

Grimma glotzte Filas an und fragte sich wohl, ob er sie auf den Arm nehmen wollte. Dann schnaubte sie kräftig. »Soweit ich weiß, war die Aufräumaktion hier eine Strafe für euch. Und dafür gibt es ganz sicher keine Belohnung. Jedenfalls nicht bei mir.« Sie zeigte wieder ihr bedrohlich wirkendes Grinsen. »Ihr könnt aber gerne *noch* eine Strafarbeit bekommen. Es gibt viel zu tun auf der Burg ...«

»Nein danke, wir haben unsere Lektion für heute wirklich gelernt«, versicherte Brünhild schnell und zog Filas und Siggi hinter sich her nach draußen.

»Na toll, jetzt behält uns Grimma bestimmt im Auge«, ärgerte sich Siggi. »Warum musstest du ausgerechnet *sie* fragen, Filas?«

Filas zuckte mit den Schultern. »Weil auch Grimma eine Chance verdient hat, uns mal positiv zu überraschen. Findet ihr nicht?«

Brünhild wies aufgeregt zur Sonnenuhr. »Jungs, seht mal, wie spät es ist! Wenn wir nicht bald aufbrechen, verpassen wir das Treffen mit dem geheimnisvollen Briefeschreiber!«

Siggi sah sie erstaunt an. »Du bist also dafür, auch ohne Erlaubnis zu gehen?«

Brünhild nickte ernst. »Ja. Ich weiß, das passt nicht dazu, dass ich Regeln normalerweise sehr ernst nehme. Aber hier geht es vielleicht um eine große Gefahr für unsere Schule. Und im Notfall müssen auch mal Regeln gebrochen werden.«

Siggi lächelte. »Das klang gerade richtig heldinnenhaft, Brünhild«, sagte er.

Brünhilds Wangen röteten sich leicht. »Ja? Findest du?«

»Oberheldinnenhaft!«, befand Filas grinsend. »Und jetzt los! Wie schleichen wir uns raus?«

»Wenn wir einfach bei Tageslicht durchs Haupttor spazieren, wird uns mit Sicherheit jemand bemerken«, überlegte Siggi. »Wir wären von den Burgzinnen aus noch lange auf dem Weg runter nach Mistelheim zu sehen.«

»Auch, wenn wir sehr langsam über den Boden robben?«, wollte Filas wissen und ging direkt auf alle viere runter. Der Elf liebte es, sich zu tarnen und anzuschleichen, aber war leider furchtbar schlecht in beidem.

Siggi seufzte. »Ich glaube, auch dann, Filas.«

»Es gibt natürlich noch das Ausfalltor«, meinte Brünhild.

»Das was?!«, riefen Siggi und Filas wie aus einem Mund.

Brünhild lächelte geheimnisvoll. »Habt ihr euch nie die Pläne der Burg im Kartenraum angesehen?«

Die beiden Freunde schüttelten den Kopf. Nur Brünhild interessierte sich ernsthaft für so etwas Langweiliges wie Festungspläne.

»Es gibt ein kleines Tor, eher eine Pforte, das durch die Burgmauer führt. Von außen ist es kaum zu erkennen. So können Verteidiger der Burg unbemerkt hinausschleichen und von hinten angreifen, sollte die Burg belagert werden.«

Filas pfiff durch die Zähne. »Das passt doch perfekt. Schließlich sind wir auch so etwas wie Verteidiger der Burg!«

Das Ausfalltor lag im Westflügel der Burg, dessen Untergeschoss kaum genutzt wurde. Für ihren Fluchtplan war das perfekt!

Brünhild war noch schnell in den Kartenraum gelaufen, um den Plan der Burg zu holen. Damit gewappnet, begaben sie sich so unauffällig wie möglich zum Portal des Westflügels und schlichen schnell hindurch, als gerade niemand in Sichtweite war.

Im Inneren erwarteten sie lange Gänge, von denen einige Türen abgingen. Spinnweben glänzten im Licht, das durch trübe Fenstergläser fiel.

»Mist. Die Gänge, die nicht nach außen hin liegen, sind ja fensterlos«, fiel Brünhild ein. »Wir brauchen eine Fackel.«

»Oder einen Mondstein«, sagte Filas und kramte in dem Beutel an seinem Gürtel.

»Einen Stein?«, fragte Siggi verständnislos.

»Einen Mondstein«, erklärte Filas und hielt Siggi einen hellen, glatten und rundlichen Stein unter die Nase, nicht größer als sein Handteller. »Den hat mir meine Schwester geschenkt. Er trägt etwas Mondlicht in sich, schau!« Filas umschloss den Stein für einen Moment mit seiner Hand. Als er sie wieder öffnete, leuchtete er in einem angenehmen weißgelben Licht.

»Perfekt«, freute sich Brünhild. »Damit sehen wir etwas, aber das Licht ist nicht so hell, dass es aus der Ferne groß auffällt.«

Obwohl sich vermutlich niemand im Untergeschoss aufhielt, versuchten die drei Freunde so leise und vorsichtig wie möglich im Licht des Mondsteins voranzukommen.

Plötzlich stoppte Filas mitten im Schritt. Er wies auf seine spitzen Elfenohren. »Ich höre was! Da ist jemand.«

Siggi und Brünhild lauschten, aber konnten nicht hören, was Filas' empfindliche Elfenohren wahrgenommen hatten.

Dann erklang eine Stimme in der Ferne: »Rauuufell?! Wo bist duuu?!«

»Grimma!«, zischte Brünhild alarmiert.

Was machte die Kampfsportlehrerin denn hier?

»Sollen wir lieber umdrehen?«, fragte Siggi, dem die Angst, entdeckt zu werden, sofort eiskalt im Nacken saß.

Brünhild schüttelte entschlossen den Kopf. »Dann verpassen wir das Treffen und erfahren nicht, wovor uns der Briefeschreiber warnen will.«

Vor ihnen teilte sich der Gang nach rechts und links auf. Brünhild starrte auf die Karte in ihrer Hand, auf der die zahlreichen Gänge des Untergeschosses des Westflügels zu sehen waren.

»Es gibt mehr als einen Weg bis zum Ausfalltor. Wenn wir uns vorsichtig von Abzweigung zu Abzweigung bewegen, können wir ihr hoffentlich ausweichen.«

»Und Raufell möglichst auch«, fügte Filas hinzu. »Denn der treibt sich hier offenbar auch herum.«

Brünhild nickte ernst. »Wir müssen auch darauf achten, dass sie uns nicht sehen, wenn sie einen Gang runtergucken. Das heißt, an jeder Abzweigung Halt machen und vorsichtig um die Ecke schauen.«

»Großartig«, freute sich Filas. »Endlich mal wieder eine richtig spannende Schleich-Aktion!«

Siggi konnte sich gar nicht freuen. Das war ihm alles eindeutig *zu* spannend!

RÄTSEL 4 ⚔

Finde den richtigen Weg hinaus, ohne von Grimma oder Raufell entdeckt zu werden. Aber Achtung: Die beiden können immer bis zum Ende eines Ganges in alle vier Richtungen blicken. Welches Wort ergeben die auf dem Weg eingesammelten Buchstaben?

LÖSUNGSWORT: _____

5. Ein überraschendes Wiedersehen

D a vorne ist es!«, flüsterte Brünhild aufgeregt.
Trotz Siggis Zweifel hatten sie es wirklich durch das La-
byrinth von Gängen geschafft, ohne von Grimma oder Raufell
bemerkt zu werden. Obwohl es ein paarmal ziemlich knapp gewesen war. Siggi konnte ihren *Erfolg* kaum fassen!

Jetzt standen sie im Licht des Mondsteins vor dem Ausfalltor, das eher eine große, eisenbeschlagene Tür war. Zum Glück
ließen sich die drei schweren Riegel daran einfach zurückschie-
ben, sodass sie durch einen schmalen Spalt hinausschlüpfen
konnten. Dann lehnte Brünhild das Tor vorsichtig an, sodass
sie es später wieder öffnen konnten. Von außen war das Ausfalltor grau wie die Burgmauer, außerdem wuchsen einige hohe
Büsche davor, sodass es aus etwas Entfernung nur schwer zu
erkennen war.

Nachdem die drei Heldenschüler einen kleinen Abhang hi-
nuntergeklettert waren, liefen sie geduckt über ein Stück Wiese
und retteten sich dann in den Schutz einer kleinen Baumgruppe.

»Wir sind wahrscheinlich furchtbar spät«, bemerkte Siggi,
denn die Ausweich-Aktion hatte sie einige Zeit gekostet.

»Dann schwingt die Haxen, Freunde!«, rief Filas und wetzte mit irrem Tempo los.

»Stopp, Filas!«, brüllte ihm Brünhild hinterher. »Mistelheim liegt in der anderen Richtung!!«

Als sie die ersten windschiefen Häuschen von Mistelheim erreichten, war Siggi schweißgebadet und hatte Seitenstechen. Brünhild hatte sie den ganzen Weg über ordentlich angetrieben.

»Hoffentlich wartet unser geheimnisvoller Brieffreund ein bisschen auf uns«, meinte Filas, als sie auf den kleinen Marktplatz traten. Eine Sonnenuhr dort zeigte nämlich an, dass es bereits deutlich nach vier Uhr war.

Heute war kein großer Markttag, an dem Händler und Bauern aus der ganzen Umgebung gekommen wären, sodass nur wenige Stände geöffnet waren. Ein paar Menschen und wenige Zwerge betrachteten die ausgelegten Waren.

»Wie sollen wir ihn eigentlich erkennen?«, wunderte sich Brünhild. »Er wird ja kein Schild um den Hals tragen.«

Siggi sah sich um. Dann lächelte er und zeigte schräg nach oben. »Ich würde sagen, wir folgen einfach seinem Boten!«

Filas und Brünhild folgten mit erstauntem Blick Siggis ausgestrecktem Zeigefinger. Über ihnen kreiste eine große Krähe. Sie stieß ein lautes Krächzen aus, dann flog sie in eine schmale Seitengasse hinein.

Gespannt folgten Siggi, Brünhild und Filas dem Vogel. Als sie den engen Durchgang zwischen zwei Häusern betraten, spürte Siggi, wie die Furcht in ihm hochkroch. Vielleicht war es doch ein Fehler gewesen, der rätselhaften Botschaft zu folgen. Doch dann wich die Angst einer echten Überraschung.

Auf einer Holzkiste in der Gasse saß ein Junge, ungefähr in ihrem Alter, und ließ die Beine baumeln. Er hatte dunkles Haar und leuchtend grüne Augen.

»Jago!«, stieß Brünhild hervor. »*Du* bist der geheimnisvolle Briefeschreiber!«

Jago war ein ehemaliger Mitschüler von ihnen, der eigentlich aus einer Familie von Schurken stammte. Er hatte sich mit einer erfundenen Geschichte in die Heldenschule eingeschmuggelt, um ein gestohlenes Erbstück wiederzufinden. Dabei hatte er für einiges an gefährlichem Chaos gesorgt, bis Siggi, Brünhild und Filas ihm auf die Schliche gekommen waren. Sie hatten damals erkannt, dass Jago eigentlich ein guter Kerl war,
der nur wollte, dass
seine Familie stolz auf
ihn war. Und genau so
war es bei ihnen ja ir-
gendwie auch. Daher
hatten sie ihn nicht ver-
raten und sich mit ihm
angefreundet. Doch sie
hatten nichts mehr von
Jago gehört, seit er die
Schule verlassen hatte.

»Ich dachte schon, ihr

kommt nicht«, sagte Jago und glitt von der Kiste runter. Er streckte einen Arm aus, und die Krähe landete darauf. »Dabei hat Arax doch so gute Arbeit geleistet.«

Siggi schlug sich vor die Stirn. »Natürlich. Darauf hätte ich gleich kommen können! *Jago von Krähenfels!* Die Krähe ist das Wappentier deiner Familie.«

Jago grinste. »Wie, das habt ihr nicht sofort durchschaut? Vielleicht sollte ich doch lieber nach anderen Helden für diese Mission suchen ...«

»Also war das kein Witz in deinem Brief?«, wollte Brünhild wissen. »Burg Tollkühn ist wirklich in Gefahr?«

Jago wurde ernst und nickte. »Leider ja. Setzt euch, dann erzähle ich euch die ganze Sache.«

Die drei Freunde setzten sich gegenüber von Jago auf eine weitere Holzkiste. Siggis Beine schmerzten vom Dauerlauf, und so war er froh, etwas verschnaufen zu können.

Die Krähe Arax sprang von Jagos Arm und flatterte auf den Boden, wo sie nach irgendetwas pickte.

»Vor einer Woche hatten meine Eltern Besuch«, begann Jago. »Eine Schwarzmagierin und ein paar andere finstere Gestalten. Ich glaube, sie wollten ihnen ein magisches Artefakt abkaufen, das meine Eltern mal irgendwo gestohlen hatten: eine magische Lupe, mit der man Tarnzauber durchschauen kann. Eigentlich interessiere ich mich für solche Treffen nicht besonders. Aber als ich am Kaminzimmer vorbeikam, in dem sie zusammensaßen, hörte ich plötzlich, wie jemand *Burg Tollkühn* sagte. Da wurde ich neugierig und habe an der Tür gelauscht. Ich konnte nicht alles verstehen, aber sie sprachen auf jeden Fall über die Heldenschule und dass sie dort ein großes Ding planten, mit dem niemand rechnen würde. Sie sprachen auch von einem Wächter ... ich glaube, sein Name war *Custor* oder so. Danach kam leider einer der Schurken raus, um etwas aus dem Gepäck zu holen, und ich musste mich aus dem Staub machen.«

Jago hob die Schultern.

»Mehr weiß ich leider nicht. Aber weil ihr damals so gut zu mir wart, als ich den Ring meiner Urururgroßmutter Demona aus Burg Tollkühn zurückgeholt habe, wollte ich euch unbedingt warnen.«

»Das ist wirklich nett von dir«, versicherte Siggi. »Aber was machen wir jetzt?«

»Wir sollten Gudrun davon berichten«, befand Brünhild.

Jago schüttelte den Kopf. »Das halte ich für keine gute Idee. Überlegt doch mal: Sie wird euch fragen, woher ihr diese Informationen habt. Und ihr müsst dann sagen: Vom Sohn berüchtigter Schurken, der übrigens mal unter falschem Namen hier an der Schule war und alle zum Narren gehalten hat. Die schmeißt euch doch hochkant raus.«

Siggi nickte. Er hatte eh schon den Ruf bei Gudrun, sich ständig irgendwelche erfundenen Gefahren zusammenzureimen und Brünhild und Filas damit anzustecken.

»Jago hat Recht«, sagte er. »Mit so einer halbgaren Geschichte brauchen wir gar nicht erst bei Gudrun aufzukreuzen.«

»Aber was sollen wir dann machen?«, wollte Filas wissen.

»Uns auf die Lauer legen, bis die Schurken bei uns aufkreuzen und dann Alarm schlagen?«

»Vielleicht sollten wir erst mal versuchen, mehr über ihren Plan rauszufinden«, meinte Brünhild.

Jago kramte in seiner Umhängetasche. »Ich habe noch etwas, das euch vielleicht weiterhilft.« Er reichte ihnen eine Pergamentrolle. »Nachdem der Besuch weg war, steckte im Kaminzimmer diese Schriftrolle zwischen einem Sesselpolster. Sie müssen sie dort vergessen haben.«

Neugierig nahm Filas die Pergamentrolle entgegen.

Jago sprang von der Kiste. »Ich muss jetzt wieder los. Meine Eltern haben mich auf eine kleine ... *Geschäftsreise* mitgenommen, die uns hier vorbeiführte. Ich konnte mir etwas freie Zeit erbetteln, aber sie warten sicher schon auf mich.«

Filas sprang auf und klopfte Jago herzlich auf die Schulter. »Hab vielen Dank für die Warnung! Du bist der heldenhafteste Schurke, den ich kenne.«

Jago lächelte überrascht. Bildete Siggi sich das ein oder röteten sich seine Wangen sogar ein bisschen?

»Ich hoffe, ihr könnt herausfinden, was es mit der Sache auf sich hat, und eure Schule beschützen.«

»Jaaagooo!«, ertönte eine Frauenstimme in einiger Entfernung.

»Das ist meine Mutter, ich muss los«, sagte Jago. Dann fiel ihm etwas ein. »Fast vergessen! Das hier habe ich auch im Kaminzimmer gefunden.« Schnell kramte er ein zerknittertes Stück Papier hervor, das offenbar von einem größeren Blatt abgerissen worden war, und drückte es Siggi in die Hand. Siggi warf einen kurzen Blick darauf, aber erkannte nur sinnlose Buchstabenfolgen. »Lest euch meine Nachricht gut durch, dann versteht ihr es. Viel Glück!«

Nachdem Jago eilig um die nächste Häuserecke verschwunden war, wollten sich Siggi und Filas am liebsten sofort der geheimnisvollen Notiz und der Schriftrolle widmen. Aber Brünhild drängte sie, schleunigst in die Burg zurückzukehren, bevor jemandem ihr Verschwinden auffiel.

Nachdem Brünhild sie auch auf dem Rückweg unerbittlich zur Eile angetrieben hatte, schafften sie es, unbemerkt durch die Ausfallpforte in den Westflügel zu gelangen. Von Grimma und Raufell war dort glücklicherweise nichts mehr zu sehen. Nachdem sie die geheime Tür wieder verriegelt und den Weg zurück zum Ausgang des Westflügels gefunden hatten, traten sie so unauffällig wie möglich auf den Burghof hinaus.

»Was habt *ihr* denn gemacht?«, fragte jemand.

Ertappt blieben die drei stehen.

Es war Isolde, mit der sich Brünhild ein Zimmer teilte. Sie saß auf einer steinernen Bank und hielt ihre heißgeliebte Laute in den Händen.

»Öh, was meinst du genau ...?«, fragte Brünhild vorsichtig.

»Na, ihr seid total verschwitzt und rot wie Radieschen.«

»Wir haben ... Sport gemacht«, behauptete Siggi, was ja auch irgendwie stimmte.

»Freiwillig? *Du*?!«, entfuhr es Isolde erstaunt.

Siggi nickte. »Brünhild hat einen guten Einfluss auf uns.«

Damit gab sich Isolde zufrieden und begann, ihrer Laute ein paar schmerzhaft schiefe Töne zu entlocken. Isolde spielte ihr Lieblingsinstrument nicht nur sehr gern, sondern leider auch sehr schlecht.

Die drei Freunde zogen sich auf Siggis und Filas' Zimmer zurück, wo sie ihre Ruhe hatten. Während Siggi das abgerissene Stück Papier mit dem Buchstaben-Durcheinander aus der Tasche holte, rollte Filas neugierig die Pergamentrolle auf.

»Oh, hier ist ja einiges los!«, rief der Elf aufgeregt.

Siggi jedoch starrte nachdenklich auf den Brief, den die Krähe ihm gebracht hatte, und dann auf den Zettel mit den wirren Buchstaben in seinen Händen. Plötzlich fiel ihm etwas auf!

RÄTSEL 5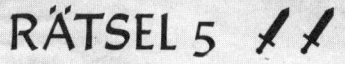

KANNST DU DIE NACHRICHT AUF DEM ZETTEL ENTSCHLÜSSELN?

◇

XNSWRWN
VWRZQNDWTWN
IN ZXRG
TOYYKQHN WINSCHYWXSWN

DIE NACHRICHT LAUTET:

_____

_____

6. Ein verdächtiger Besucher

D iese Raute, die oben auf der abgerissenen Notiz steht, befindet sich auch in Jagos Brief!«, erklärte Siggi seinen Freunden aufgeregt. »Und das da drunter ist eine Anleitung, wie wir die Buchstaben austauschen müssen.«

»Es ist also ein Code«, bemerkte Brünhild fasziniert, »keine sinnlose Buchstabenreihe.«

»Genau!« Siggi nickte begeistert. »Und wenn ich ihn richtig entschlüsselt habe, steht hier ... *unseren Verbündeten in Burg Tollkühn einschleusen.*« Nachdem er das ausgesprochen hatte, klappte Siggi erschrocken die Kinnlade runter. »Wenn die Schurken diese Notiz letzte Woche bei Jagos Eltern verloren haben, dann könnte schon längst einer von ihnen hier auf der Burg sein! Vielleicht sollten wir lieber die Tür verrammeln.«

Brünhild legte dem nervösen Siggi die Hand auf die Schulter. »Tief durchatmen. Überleg doch mal: Wir kennen alle Leute auf der Burg. Die Lehrerinnen und Lehrer und das übrige Personal sind schon ewig hier. Uns wäre aufgefallen, wenn jemand Neues eingeschleust worden wäre.«

Siggi atmete auf. Das klang wirklich überzeugend. Aber gut

ging es ihm damit noch nicht. »Das heißt, dass der Verbündete der Schurken noch auftauchen könnte«, stellte er ernst fest. Dann sah er sich irritiert um. »Warum sagst du eigentlich nichts dazu, Filas?«

Filas sah von der Schriftrolle hoch, die er auf seinem Schreibpult ausgerollt hatte. Er hielt einen Kohlestift in der Hand. »Och, ich hab einfach mal hier, wo *Name des Wächters* steht, die Buchstaben so mit dem Stift verbunden, dass *Custor* rauskommt. Das ist doch der Name, den Jago erwähnt hat.«

Überrascht, dass Filas so gut aufgepasst hatte, betrachteten Siggi und Brünhild die Schriftrolle mit den Strichen, die Filas hinzugefügt hatte.

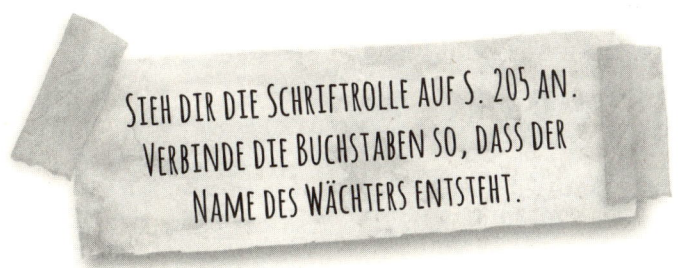

SIEH DIR DIE SCHRIFTROLLE AUF S. 205 AN. VERBINDE DIE BUCHSTABEN SO, DASS DER NAME DES WÄCHTERS ENTSTEHT.

»Sehen die Striche nicht genauso aus wie eins der Zeichen, die da am Rand der Schriftrolle stehen?«, meinte Brünhild und beugte sich näher an das Pergament.

»Stimmt«, entfuhr es Siggi aufgeregt.

»Äh, Leute«, sagte Filas, der das Interesse an der Schriftrolle offenbar schon wieder verloren hatte und aus dem Fenster starrte. »Habt ihr nicht gemeint, dass wir alle auf der Burg kennen würden? Also, im Burghof ist gerade ein Kerl unterwegs, den ich noch nie gesehen habe.«

Siggi und Brünhild sahen sich alarmiert an. War das etwa der Verbündete der Schurken?

Als Siggi, Filas und Brünhild in den Burghof stürmten, war jedoch niemand Fremdes mehr zu sehen. Nur Isolde saß immer noch auf der Bank, zupfte an ihrer Laute und sang leise vor sich hin. Sie klang wie eine Katze, die ihre Pfote ganz schlimm eingeklemmt hatte.

»Isolde, hast du den Fremden gesehen?«, wollte Brünhild wissen.

Isolde sah überrascht hoch. »Ähhh, ja, da kam irgendwer auf einem Pferd in den Hof geritten. Ich habe aber nicht so genau drauf geachtet, weil ich gerade eine grandiose Idee für ein neues Lied habe. Wollt ihr es hören?«

»Leider keine Zeit«, rief Siggi. »Los, zum Stall«, trieb er die anderen an.

Auch im Stall fanden sie den Fremden nicht. Aber Fjordo, einer der Knechte, war dort und wies auf ein schwarzes Pferd mit silberner Mähne. »Damit ist der Fremde gerade angekommen. Er ist jetzt bei der Schulleiterin.«

Also liefen die drei zum größten Turm der Burg. In dessen oberster Etage befand sich nämlich Gudruns Studierzimmer.

Gerade als die drei den Turm betreten wollten, blieb Filas so abrupt stehen, dass Brünhild in ihn reinrannte.

»Au, was soll das?«, beschwerte sie sich.

Filas spitzte die sowieso schon spitzen Ohren. »Gudruns Stimme ... sie kommt von dort.« Er drehte sich zur Seite und wies auf ein schmales Fenster in der Wand des Turms. Es lag knapp über ihren Köpfen. Soweit Siggi wusste, befand sich dahinter ein Besprechungszimmer für die Lehrerinnen und Lehrer.

Vorsichtig näherten sie sich dem Fenster und lauschten.

»Kannst du aufhören, gegen mein Bein zu drücken, Siggi?«, zischte Brünhild leicht genervt.

»Das bin ich nicht ...«, begann Siggi, dann wurde er von einem unangenehm lauten Geräusch unterbrochen: »BRÖÖÖÖHHH!«

Die Heldenschüler blickten erschrocken nach unten. Es war Fafnir der Tatzelwurm, der sich mit seinem kleinen dicken Körper an Brünhilds Bein drückte.

»Fafnir, geh bitte weg«, flüsterte Brünhild flehend und wedelte mit der Hand. Aber der Tatzelwurm, der aussah wie ein sehr kleiner fetter Drache ohne Flügel, dachte gar nicht daran. Er ließ sich schnaufend auf sein Hinterteil nieder und gab ein weiteres markerschütterndes »BRÖÖÖHHH« von sich.

»Wenn er das noch mal macht, kommt Gudrun genervt raus«, warnte Siggi.

»Ich weiß, wie wir ihn loswerden!« Filas begann, hektisch in dem Beutel zu kramen, der an seinem Gürtel hing.

RÄTSEL 6

Kannst du Filas' Gedanken entwirren und herausfinden, nach was für einer Ablenkung er sucht?

S _ _ _ N   _ O _ _   W _ _ _ _ _
  ↑   ↑ ↑   ↑

=   =

_ F _ _ _ Z E   BAUM
  ↑

FILAS WILL FAFNIR HIERMIT ABLENKEN:

_____

7. Arden Frostklinge

Filas zog einen ganz schön braunen und angematschten *Apfel* aus seinem Beutel hervor.

»Den hab ich letzte oder vorletzte Woche beim Frühstück eingesteckt, für den Fall, dass ich mal ganz plötzlich Hunger habe.«

»So sieht er auch aus«, meinte Siggi.

»Perfekt für Fafnir«, erklärte Filas. »Er liebt überreifes Obst, wenn es schon so richtig matschig ist.« Er hielt den Apfel vor Fafnirs Nase, und der Tatzelwurm schnupperte gierig. Doch als er vorfreudig das Maul öffnete, zog Filas den Apfel weg und schleuderte ihn weit in den Burghof hinein.

»Aua! Igitt ... was ist das denn?!«, hörten sie Isoldes Stimme.

»Ups«, machte Filas betreten.

Aber es funktionierte: Fafnir schnaufte beleidigt. Dann erhob er sich und watschelte, so schnell ihn seine kurzen stämmigen Beine trugen, in die Richtung, in die Filas den Matschapfel geschleudert hatte.

Schnell wandten sich die Freunde wieder dem Fenster zu und drückten sich direkt darunter an die Wand.

»... freue ich mich über dein Angebot«, hörten sie Gudruns

volltönende Stimme. »Es ist etwas überraschend, aber ich wäre töricht, es abzulehnen.«

»Das freut mich ebenso«, erwiderte die raue Stimme eines Mannes. »Ich kann sofort anfangen.«

»Bei Buris Backenbart!«, rief Gudrun erfreut. »Das ist großartig für unsere Heldenschule!«

Der Mann antwortete etwas, aber in diesem Moment schlug die Glocke, die das Abendessen ankündigte.

»Wir müssen hier weg, bevor man uns erwischt«, flüsterte Brünhild, sobald der Glockenschlag verklungen war. Sie lösten sich von der Außenwand des Turms und schlenderten betont unauffällig in die Mitte des Burghofs. Gerade noch rechtzeitig, bevor die anderen Schülerinnen und Schüler aus allen möglichen Richtungen zum Hauptgebäude strömten, in dem sich der Speisesaal befand.

Von seinem Platz am langen Speisetisch der Schüler behielt Siggi gespannt die Tür im Auge. Und wie erwartet kam Gudrun nicht alleine, sondern hatte einen unbekannten Mann im Schlepptau. Ziemlich sicher der, dessen Stimme sie zuvor gehört hatten. Er war groß und hager, hatte längeres graues und etwas strähniges Haar und einen Drei- oder eher Fünftagebart. Unter einem schmucklosen Umhang trug er eine einfache Lederrüstung.

Siggi fiel auf, dass die anderen Lehrerinnen und Lehrer überrascht schienen, den Neuankömmling zu sehen. Er erwartete, dass Gudrun den Besucher vor dem Essen vorstellen würde. Aber die Schulleiterin wartete damit bis zum Ende, als Siggi,

Brünhild und Filas schon kurz davor waren, vor Neugier zu platzen. Ruhe kehrte ein, als sich die alte Walküre erhob und lautstark räusperte.

»Ich möchte euch Arden Frostklinge vorstellen. Ein sehr erfahrener Abenteurer, Schwertkämpfer und Held!«, sagte Gudrun und wies auf den Neuankömmling, der sitzen blieb und nur kurz in den Saal nickte. »Er wird unsere Lehrerschaft verstärken und euch neue nützliche Fähigkeiten beibringen.«

»Sieht irgendwie etwas abgerissen aus. Könnte auch ein Schurke sein«, raunte Hagen, dessen Hand jetzt wieder normal war, seinem Sitznachbar Artus zu. Laut genug, dass Siggi es hören konnte. In diesem Fall musste er Hagen sogar Recht geben. Wäre er Arden Frostklinge irgendwo anders begegnet, hätte er ihn mit Sicherheit nicht für einen verdienten Helden gehalten.

»Applaus für euren neuen Lehrer«, forderte Gudrun mit dröhnender Stimme, während Arden verkniffen dreinblickte.

Nach dem Abendessen suchten sich Siggi, Brünhild und Filas eine ruhige Ecke im großen Kaminzimmer des Ostflügels, in dem sich die Unterkünfte der Heldenschüler befanden, und steckten die Köpfe zusammen.

Die anderen Mädchen und Jungen im Raum beachteten sie kaum, da sie ein Kartenspiel spielten, bei dem mit viel Geschrei und Tempo ständig Karten auf den Tisch geworfen wurden.

»Könnte dieser Arden der Verbündete der Schurken sein?«, fragte Siggi seine Freunde. »Ich meine, Gudrun kennt ihn offenbar und hat ihn als Lehrer eingestellt, weil sie ihn für einen fähigen Helden hält. Aber es ist doch verdächtig, dass er gerade jetzt auftaucht und sich hier als Lehrer anbietet. Gudrun hat ja gesagt, dass es überraschend käme. Und im Speisesaal haben die anderen Lehrer so ausgesehen, als ob sie vorher nichts von ihrem neuen Kollegen gewusst hätten.«

»Könnte er ein Held sein, der heimlich zur Schurkenseite übergelaufen ist?«, wollte Filas wissen und rutschte aufgeregt in seinem Sessel hin und her.

Brünhild stierte grimmig ins Kaminfeuer. »Vielleicht. So etwas ist zwar selten, aber es kam schon mal vor. Osbert der Oberkluge hat im Streit um einen Schatz seinen Partner Ragnar den Raubeinigen erschlagen, und danach ging es mit Osbert immer weiter bergab.«

»Aber solange wir dafür keine Beweise haben, können wir nicht einfach zu Gudrun laufen und ihn beschuldigen«, entgegnete Siggi. »Sie wird uns niemals ernst nehmen und wahrscheinlich auch noch sauer werden.«

»Und Arden wäre gewarnt«, fügte Brünhild hinzu. »Wir müssen vorher herausfinden, ob er Dreck am Stecken hat. Wenn wir zu Gudrun gehen, brauchen wir hieb- und stichfeste Beweise.«

Siggi und Filas nickten. Auch wenn es Siggi gar nicht zusagte, dass sie sich alleine an die Fersen eines möglichen Schurken heften wollten – wie gruselig! Aber immerhin fand ihre Ermittlungsarbeit innerhalb der Mauern der Heldenschule statt, wo sie schnell Hilfe finden konnten, wenn nötig.

Die drei Freunde zuckten erschrocken in ihren Polstersesseln zusammen, als es plötzlich krachte. Die stämmige Zwergin Tulga hatte sich mit ihrem ganzen Körpergewicht auf den Tisch mit den Spielkarten geworfen.

»Das ist ungerecht!«, brüllte sie ihre Mitspieler an. »Ich habe doch so gut gespielt, ich kann gar nicht verloren haben!«

Filas grinste. »Wann werden die anderen lernen, dass man mit Zwergen nur spielen kann, wenn man sie gewinnen lässt?«

Am nächsten Tag war an das Finden von Beweisen aber erst einmal nicht zu denken, denn sie hatten einen strammen Stundenplan vor sich. Nachdem Grimma sie beim Frühsport mit Raufells Hilfe durch den Burghof gescheucht hatte, ging es ins Untergeschoss der Burg, wo sie bei ihrem zwergischen Lehrer Darx im Fach *Fallen und Verliese* unterrichtet wurden. Danach stand *Schwertkampf* bei Gudrun an, aber da gab es eine Überraschung: Statt der Schulleiterin erwartete sie Arden Frostklinge im Burghof.

Er nickte den Heldenschülern zu und wies auf die Kiste mit den Übungsschwertern aus Holz zu seinen Füßen.

»Ich übernehme heute den Unterricht. Am besten ihr zeigt mir erst mal, was ihr schon könnt.«

»Ich würde gerne wissen, was *er* überhaupt kann. Ich hab noch nie von ihm gehört«, sagte Hagen leise zu Tusnelda und Artus. Aber offenbar nicht leise genug. Arden hob eine Augenbraue, dann schleuderte er Hagen ein Holzschwert zu, das dieser überrascht auffing. Weitere Holzschwerter für Artus und Tusnelda folgten.

»Ich verstehe, ihr wollt wissen, ob ich es wert bin, euch zu unterrichten. Ihr dürft mich gerne herausfordern.« Er blickte sich unter den Heldenschülern um. »Wer ist der beste Schwertkämpfer von euch?«

Alle zeigten auf Gunnar, der zufrieden grinste. Arden warf ihm ein Schwert zu. »Dann bist du ebenfalls dabei.«

Er winkte die vier nun mit Holzschwertern bewaffneten Heldenschüler zu sich. »Greift mich an, nehmt keine Rücksicht. Zeigt, was ihr könnt. Los!«

»Aber du hast noch kein Schwert«, wandte Gunnar verdattert ein.

»Egal«, rief Hagen. »Er hat *los* gesagt! Auf ihn!«

Mit erhobenen Holzschwertern stürzten sich Hagen, Tusnelda, Artus − und schließlich auch Gunnar auf den unbewaffneten Arden. Dann ging alles so schnell, dass Siggi verblüfft blinzelte: Arden wirbelte durch die Gegend, wich Schlägen aus, hatte plötzlich das Schwert von Artus in der Hand, ließ Gunnar über sein Bein stolpern und schlug Hagen und Tusnelda ihre Schwerter aus den Händen.

Nur Momente später waren die vier Heldenschüler entwaffnet, und Arden wies mit der Spitze des Holzschwertes auf sie. Dann ließ er die Übungswaffe achtlos fallen und zeigte ein dünnes Lächeln. »Ich hoffe, das genügt euren hohen Ansprüchen.«

»Er kämpft ganz schön verschlagen und trickreich, ist das nicht irgendwie schurkisch?«, meinte Filas zu Siggi, nachdem sie sich Holzschwerter geholt hatten und zum Aufwärmen ein paar Übungsschläge gegeneinander führten – weit genug weg von Arden, sodass er sie nicht hören konnte.

Siggi zuckte mit den Schultern. Er war sich nicht sicher, ob der Kampfstil wirklich etwas aussagte. Aber er war sich sicher, dass etwas mit Arden Frostklinge nicht stimmte.

Der Schultag verging wie im Flug, und nach dem Abendessen standen die drei Heldenschüler erneut vor dem Tor zum Westflügel.

»Hältst du das wirklich für eine gute Idee?«, fragte Siggi nervös.

Brünhild nickte entschlossen. »Der Zeitpunkt passt einfach perfekt. Arden ist zur Versammlung mit den anderen Lehrern im Turm. Das heißt, niemand wird in ihrem Wohnbereich unterwegs sein.«

Sie schlichen die Treppe in die erste Etage des Westflügels hoch, wo die Unterkünfte der Lehrerinnen und Lehrer lagen. Brünhild hatte von einer mitteilungsfreudigen Magd in Erfahrung gebracht, dass Arden das Zimmer direkt am Treppenaufgang bezogen hatte. Kurz darauf standen sie vor seiner Tür.

»Wenn wir mit unserem Verdacht richtigliegen und Arden etwas Übles plant, haben wir außerdem keine Zeit zu verlieren«, erklärte Brünhild.

Siggi seufzte. Sie hatte ja Recht. Aber er machte sich trotzdem vor Angst fast in die Hose. Wenn man sie hier erwischte, würde ganz schön was los sein.

»Wie kommen wir denn rein?«, wollte Filas wissen.

Brünhild lächelte und zog einen Schlüsselbund aus der Tasche. »Ich habe mir den Ersatzschlüsselbund, den Titanius im Wärterhäuschen am Tor aufbewahrt, ausgeliehen.«

»Ich hätte nicht gedacht, dass *du* mal etwas mitgehen lässt«, sagte Filas grinsend.

Brünhilds Wangen röteten sich. »Ich habe ihn wirklich nur *ausgeliehen!* Und es geht hier schließlich darum, eine mögliche Schurkentat zu verhindern.«

Filas hob beschwichtigend die Hände. »Schon gut, ich bin doch auf deiner Seite. Auch Heldinnen müssen manchmal die Regeln etwas verbiegen.«

Doch wie sich herausstellte, brauchte Brünhild den geliehenen Schlüsselbund gar nicht. Die Tür war unverschlossen.

Filas postierte sich an der Treppe, um seine Freunde rechtzeitig warnen zu können, falls jemand kam. Und obwohl sie gesehen hatten, wie Arden kurz vorher im Turm verschwunden war, hielt Siggi die Luft an, als Brünhild die Tür öffnete. Doch der Raum war wirklich leer, und so betraten Siggi und Brünhild das große Zimmer.

Abgesehen von den Möbeln, die bereits vorher hier gestanden haben mussten, gab es nicht viel zu entdecken. Arden hatte offenbar nur wenige Habseligkeiten mitgebracht.

»Ist es nicht verdächtig, wenn er hier als Lehrer anfängt, aber nur so wenige Sachen mitbringt? Als ob er gar nicht plant, länger zu bleiben«, mutmaßte Brünhild, während sie Schränke und Schubladen öffnete. Sie fanden nur ein paar muffig riechende Kleidungsstücke, ein Schwert mit einem kunstvollen Griff, der aussah wie aus Eiskristall, ein Holzkästchen mit Zundersteinen, eine leere Ledertasche und ...

»Hier steht eine Truhe, die verschlossen ist«, sagte Siggi.

Neugierig kam Brünhild dazu. »Ein Zahlenschloss«, stellte sie fest. »Da hilft auch kein Dietrich.«

»Was diese Stern-Symbole dahinter wohl bedeuten?«, überlegte Siggi.

Brünhild sah sich aufgeregt im Raum um. »Moment! Sterne habe ich hier gerade schon mal gesehen!«

RÄTSEL 7

WELCHE ZAHLENKOMBINATION ÖFFNET ARDENS TRUHE?

8. Die Monsterskelett-Experten

Offenbar hat Arden sich eine Erinnerungsstütze an die richtige Zahlenfolge geschaffen. Die Zacken der Sterne geben die Zahlen für das Schloss an und die Punkte darauf ihre Reihenfolge«, erklärte Brünhild und fummelte an dem Zahlenschloss herum. »Also ... Sieben, Sechs, Vier, Acht ...«

Es machte leise »Klick«, und das Schloss ließ sich öffnen. Gespannt klappte Brünhild die Truhe auf.

In ihrem Inneren befanden sich Bücher über die achteinhalb Königreiche, über legendäre Helden und das Leben in der Wildnis. Außerdem ein Fläschchen mit einer bläulichen Flüssigkeit, ein Beutel mit ein paar Gold- und Silbermünzen, einige Landkarten von unbekannten Orten, ein Trinkhorn und ein Dolch mit einem edelsteinbesetzten Griff.

»Nichts besonders Verdächtiges, oder?«, meinte Siggi etwas enttäuscht, nachdem sie alles aus der Truhe geräumt und untersucht hatten. Wenn er sich schon in Gefahr begab und Ängste ausstehen musste, dann wollte er wenigstens etwas Brauchbares finden.

»Bisher nicht.« Brünhild beugte sich noch einmal über die

Truhe und verschwand fast mit dem Kopf darin. »Oh ... da steht etwas in den Truhenboden geritzt, schau mal.«

Siggi beugte sich ebenfalls über die Truhe. »*Geburtsort des Wächters: Artuve*«, entzifferte er. »Was soll das denn bedeuten?«

»Oh! Das steht auch in dieser Schriftrolle von Jago!«, rief Filas begeistert. Er zog die Schriftrolle aus seinem Gürtel, entrollte sie und begann mit einem Kohlestift aus seiner Tasche Buchstaben darauf zu verbinden. »A-T-R ...«, murmelte er dabei.

Brünhild sah Filas mit einem Mal erschrocken an. »Moment! Was machst du denn hier drinnen? Du solltest doch draußen Wache halten!«

»Aber es war sooo langweilig, und es kommt doch eh niemand«, erklärte der Elf gelassen, während er noch einen Strich auf dem Pergament zog.

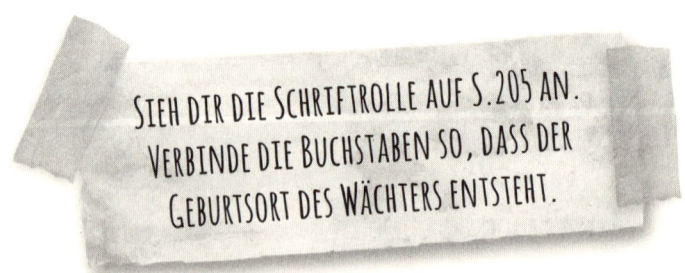

SIEH DIR DIE SCHRIFTROLLE AUF S. 205 AN. VERBINDE DIE BUCHSTABEN SO, DASS DER GEBURTSORT DES WÄCHTERS ENTSTEHT.

»Und wenn doch?« Siggi bekam jetzt richtig Panik. »Wir sind schon viel zu lange hier. Lasst uns schnell verschwinden!«

Eilig räumten er und Brünhild alles zurück in die Truhe, und sie verschloss das Zahlenschloss. Siggi sah sich noch einmal prüfend um, ob nichts auf ihren Besuch hindeutete. Dann huschten die drei schnell raus auf den Flur, und Brünhild schloss leise die Tür.

Filas, der schon die Treppe erreicht hatte, erstarrte plötzlich. »Uh, da ist jetzt doch jemand ...«

Erschrocken guckten Siggi und Brünhild an Filas vorbei die Treppe runter. Unten stand Raufell und starrte aus seinen eisgrauen Augen zu ihnen hoch.

Siggi konnte sich nicht helfen, aber irgendetwas an dem Wolfshund kam ihm sonderbar vor. Aber was war es nur?

»Wir sind's nur«, sagte Brünhild mit leicht zittriger Stimme und winkte dem Wolfshund zu. »Kein Grund zu bellen oder böse zu werden.«

Raufell gab ein tiefes Knurren von sich. Doch dann wandte er sich zu ihrer Überraschung ab und trottete durch das halboffene Eingangsportal hinaus in den Burghof.

»Der gute Raufell ist auf jeden Fall keine Petze, das steht jetzt fest«, urteilte Filas, als sie kurz darauf unter Wulfriks Statue saßen. »Was machen wir als Nächstes? Können wir Arden jetzt überführen?«

»Dass Arden etwas über den Wächter in den Truhenboden geritzt hat, das auch in Jagos Schriftrolle vorkommt, ist auf jeden Fall verdächtig«, urteilte Brünhild. »Aber ich glaube nicht, dass das reicht, um ihn als Schurken zu entlarven. Zudem müssten wir dann erklären, woher wir die Schriftrolle haben. Wir brauchen klare Beweise.«

Siggi seufzte. »Stimmt. Falls Arden ein Schurke ist, hat er seine Hausaufgaben jedenfalls gemacht und nichts wirklich Verdächtiges in seinem Zimmer rumliegen lassen.«

Brünhild zuckte zusammen. »*Hausaufgaben!* Die hab ich ganz vergessen! Wir müssen doch für *Völker- und Landeskunde* einen Aufsatz über Goblins und ihr Verhältnis zu Orks schreiben!«

»Ist es nicht wichtiger, einen Schurken zu entlarven?«, wollte Filas wissen.

»Wenn Gudrun uns morgen einen Kopf kürzer macht, weil wir die Hausaufgaben nicht haben, können wir niemanden mehr entlarven.«

Wo Brünhild Recht hatte, hatte sie Recht.

Da Brünhild unbedingt noch ein paar Fakten zu Goblins nachschlagen wollte, begaben sie sich ins Hauptgebäude der Burg, wo sich in der dritten Etage die Schulbibliothek befand.

Siggi trottete den beiden hinterher, während sie die breite Treppe in der Eingangshalle hinaufstiegen. Auf einmal hörte er das Eingangsportal unten quietschen. Neugierig blieb Siggi stehen und lugte durch eine Öffnung im steinernen Treppengeländer nach unten.

Es war Arden. Der grauhaarige Mann schaute sich eilig in alle Richtungen um, so als wollte er nicht gesehen werden. Siggi bemerkte er jedoch nicht. Dann lief Arden geschwind eine Wendeltreppe runter, die ins Kellergeschoss führte.

»Siggi, kommst du?«, rief Brünhild von oben.

»Vielleicht solltet ihr lieber kommen.« Siggi winkte seine

Freunde zu sich runter. »Ich glaube, Arden hat irgendwas im Keller vor. Jedenfalls sah er sehr verdächtig aus.«

»Verdächtig genug, um die Hausaufgaben erst später zu machen und dann vielleicht Zeitprobleme zu bekommen?«, wollte Brünhild wissen.

»Auf jeden Fall«, bestätigte Siggi.

»Na schön«, brummte Brünhild.

Langsam und möglichst leise stiegen die drei die Wendeltreppe ins Untergeschoss hinab. Hier unten befanden sich ein paar Vorratsräume, die Unterrichtsräume für die Fächer *Monster & Kreaturen* sowie *Fallen & Verliese*, die der alte Zwerg Darx unterrichtete, und außerdem Siggis unliebster Ort in der Schule: das sehr unheimliche Übungsverlies voller Fallen und anderer Gefahren.

Am Fuß der Treppe erreichten die drei Heldenschüler einen langen, von Fackeln erleuchteten Gang, von dem mehrere Türen abgingen. Von Arden war nichts zu sehen. Aber die erste Tür zu ihrer Rechten stand ein Stück weit offen.

Vorsichtig lugte Brünhild durch den Spalt.

»Ist er da drinnen? Lass mich auch gucken«, flüsterte Filas und versuchte, sich neben Brünhild zu schieben. Als er sich gegen sie drückte, verlor Brünhild jedoch das Gleichgewicht, und beide fielen nach vorne. Sie stießen die Tür auf und purzelten in den Raum hinein.

Siggi stand wie erstarrt in der nun offenen Tür. Mitten im Unterrichtsraum für *Monster & Kreaturen* stand Arden und sah sie überrascht an.

»Was macht ihr denn hier?«

»Äh ...«, gab Siggi von sich.

Arden runzelte die Stirn und kniff die Augen zusammen. »Verfolgt ihr mich etwa?«

»Nein, natürlich nicht«, behauptete Filas, während er und Brünhild wieder auf die Beine kamen.

»Und was wollt ihr dann hier?«

»Wir ... sollen etwas für Darx erledigen?«, sagte Brünhild auf eine Art, die eher wie eine Frage klang, und lief sofort rot an.

»Ach, und was genau?« Ardens Stimme war sein Misstrauen anzuhören.

Filas wies auf einen Haufen Knochen in einer Ecke des Raums. Daneben stand ein Topf mit Leim. »Wir sollen das da für ihn zusammensetzen. Für den Unterricht morgen.«

Im Raum standen mehrere unheimliche Skelette sowie eine Reihe ausgestopfter Kreaturen, die noch unheimlicher waren. Ihr Lehrer Darx war der Meinung, dass man besser über Monster lernen konnte, wenn man sie direkt vor Augen hatte.

Arden zog eine Augenbraue hoch und verschränkte die Arme. »Ach, wirklich? Ihr wisst, wie man diesen Haufen Knochen korrekt zusammensetzt?«

Filas nickte. »Natürlich. Sonst würden wir es ja nicht als Aufgabe bekommen.« Er sagte das so überzeugt, als ob er selbst daran glaubte.

»Dann legt mal los. Ich möchte mir das gerne ansehen«, sagte Arden und lächelte auf eine Art, die es Siggi kalt den Rücken runterlaufen ließ.

»Wir sind aber nicht so gut, wenn jemand zuguckt«, behauptete Filas, der nun auch nervös wurde.

»Ach, tut einfach, als ob ich nicht da wäre«, meinte Arden und setzte sich auf die Kante eines Schulpults.

Siggi und Brünhild sahen sich verzweifelt an. Sie hatten keine Wahl. Wenn sie nicht auffliegen wollten, mussten sie aus diesen vielen Einzelteilen ein überzeugendes Monster bauen.

Unter Ardens aufmerksamem Blick trotteten die drei Freunde langsam auf den Knochenberg zu.

»Ich hab keine Ahnung, was wir machen sollen«, wisperte Brünhild.

»Ich auch nicht«, gab Filas leise zu. »Aber Siggi kennt sich doch so gut mit Monstern aus.«

Siggi seufzte. In *Monster & Kreaturen* war er wirklich der Klassenbeste. Denn für ihn stand fest, dass er als Held die besten Überlebenschancen hatte, wenn er so viel wie möglich über die gruseligen Wesen wusste, die ihm über den Weg laufen konnten.

Aber das hier war auch für Siggi eine echte Herausforderung. Wenn er nur wüsste, von welchem Monster diese Knochen stammten.

Er starrte einen Moment auf die Teile des Skeletts vor sich. War das etwa ein ...?

RÄTSEL 8 ⚔⚔⚔

Falte die Seiten so zusammen,
dass ein Skelett entsteht.
Wie heißt das Wesen?

Das Wesen ist ein/e:

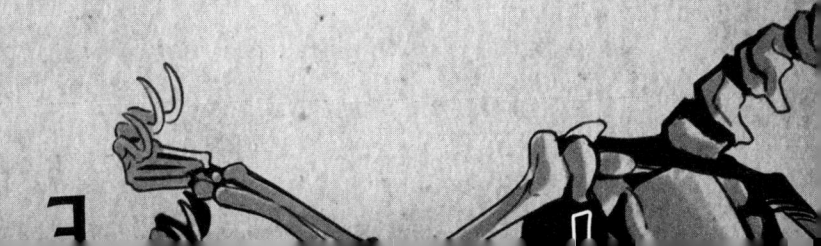

9. Pilz- und Schurkensuche

F ertig«, verkündete Siggi mit einer gehörigen Portion Stolz in der Stimme. Mit der Hilfe von Filas und Brünhild hatte er das Skelett komplett zusammengebaut. Und es schien alles an richtiger Stelle zu sein!

»Es ist eine Gratze, wie man leicht an den Flügeln, dem Stachel-Schwanz und den gekrümmten Hinterläufen erkennen kann«, erklärte Siggi und sah gespannt zu Arden rüber.

Der neue Lehrer trat ein paar Schritte näher und sah sich das Skelett der monströsen Kreatur interessiert an.

»Davon ist mir schon mal eine über den Weg gelaufen«, sagte er. »Wirklich blutrünstige Wesen. Das Skelett sieht korrekt aus. Glück für euch.« Er zwinkerte den drei Heldenschülern zu und wandte sich zur Tür. »Jetzt entschuldigt mich, ich habe noch einiges zu erledigen. Wir sehen uns im Unterricht.«

Sobald Arden durch die Tür verschwunden war, klopften Brünhild und Filas Siggi begeistert auf die Schulter.

»Das war großartig, Siggi! Ich hätte die Gratze nie zusammenbekommen«, gab Brünhild zu.

Siggi lächelte zufrieden. Aber dann fiel ihm wieder ein, wie sie überhaupt in diese Situation gekommen waren. »Was Arden hier unten getrieben hat, wissen wir aber immer noch nicht.«

Brünhild nickte nachdenklich. »Wir müssen ihn weiter im Auge behalten. Ich bin sicher, dass mit ihm etwas nicht stimmt.«

Ein Geräusch vom Kellergang her, das wie ein Klopfen auf dem steinernen Boden klang, ließ Brünhild verstummen.

Ein alter Zwerg mit einem Holzbein kam durch die geöffnete Tür und sah sich entgeistert im Klassenzimmer um. Es war Darx, Sohn des Dargos, ihr Lehrer für *Monster & Kreaturen*.

»Was ist denn hier los? Ist das etwa mein Gratzen-Skelett?!«

»Äh ... Überraschung!«, rief Filas und grinste breit.

SIEH DIR DIE SCHRIFTROLLE AUF S. 205 AN. VERBINDE DIE BUCHSTABEN SO, DASS DER NAME DES MONSTERS ENTSTEHT.

Zum Glück war Darx nicht wirklich verärgert, dass sie eigenmächtig das Monster-Skelett zusammengebaut hatten. Er brummelte zwar »Das hätte auch schiefgehen können«, aber nachdem er das Werk genau unter die Lupe genommen hatte, lobte er sie für ihre Arbeit. Er schien sogar ein bisschen gerührt darüber, dass seine Schüler sich so für ihn und seinen Unterricht ins Zeug legten. Dafür sollten alle drei eine Eins bekommen.

Siggi bekam fast ein schlechtes Gewissen. Andererseits hatten sie Darx ja wirklich eine Menge Arbeit abgenommen, wenn auch aus anderen Gründen, als er glaubte.

Um Arden nicht noch misstrauischer zu machen, spürten sie ihm heute nicht weiter nach. Stattdessen kümmerten sie sich vor dem Abendessen noch schnell um die Goblin-Hausarbeit.

»Aber morgen heften wir uns wieder an seine Fersen«, sagte Brünhild. »Wenn er wirklich ein Schurke ist, dürfen wir nicht lockerlassen!«

Am nächsten Tag mussten sie jedoch erst mal den Unterricht überstehen. Nach *Heldenkunde*, *Kampfsport* und *Dämonenkunde* gab es Mittagessen. Danach stand *Wildniskunde* an. Ihre Lehrerin dafür, die Halbelfe Kendra, schickte die Schülerinnen und Schüler heute in Dreier-Gruppen aus der Burg, um essbare Pilze zu sammeln. Wenn Helden in der Wildnis unterwegs waren, mussten sie schließlich in der Lage sein, immer etwas Nahrhaftes zu finden. Sie durften dazu in den Wald, aber nur so weit, dass sie noch den Waldrand sehen konnten. Denn im tieferen Wald lauerten so einige gefährliche Kreaturen.

Siggi, Brünhild und Filas bildeten natürlich zusammen einen Pilz-Suchtrupp. Um sich nicht mit den anderen Gruppen ins Gehege zu kommen, liefen sie ein Stück nach Norden am Waldrand entlang, bevor sie sich zwischen die Bäume begaben und nach Speisepilzen Ausschau hielten.

Doch viel Erfolg hatten sie dabei nicht. Auch nach geraumer Zeit war ihr Korb, abgesehen von ein paar winzig-schrumpeligen Wiesen-Champignons, erschreckend leer.

»Hier sind Pfifferlinge!«, rief Filas auf einmal und winkte Siggi und Brünhild aufgeregt zu sich.

Doch nach einem Blick auf Filas' Fund ließ Brünhild enttäuscht die Schultern hängen. »Ich glaube nicht, dass Pfifferlinge blau sind und gelbe Punkte haben.«

»Nicht?«, meinte Filas erstaunt.

»Die sehen irgendwie giftig aus«, mutmaßte Siggi. »Und wenn wir Giftpilze mitbringen, bekommen wir Punktabzug. Also lass sie lieber stehen.«

Filas seufzte. »Wie kann es nur sooo viele verschiedene Pilzarten geben? Ich werde heute Nacht bestimmt davon träumen, in einem riesigen Pilz zu leben.«

»Seid mal leise«, zischte Brünhild. Sie stand auf einmal reglos da und starrte zwischen ein paar Ästen hindurch.

»Was ist denn?«, wollte Siggi besorgt wissen. »Siehst du irgendwas Gefährliches?«

»Da vorne ist jemand ...«, meinte die Freundin, »und es ist niemand aus unserer Klasse. Es ist ein Erwachsener.«

»Das ist ... Arden«, hauchte Siggi, als die Gestalt ihren Kopf etwas drehte. »Was treibt der denn hier draußen im Unterholz?«

»Finden wir es raus«, sagte Filas. »Vielleicht ertappen wir ihn jetzt bei etwas richtig Schurkischem.«

Siggi und Brünhild sahen sich für einen Moment unsicher an. Siggi, weil er eine Heidenangst davor hatte, tiefer in den Wald zu gehen und dabei auch noch einem Kerl zu folgen, der möglicherweise ein ruchloser Schurke war. Und Brünhild, weil sie es gar nicht mochte, Kendras Regeln zu brechen. Doch Filas hatte Recht. Vielleicht war das ihre Chance, Arden als Schurken zu überführen und eine große Gefahr abzuwenden.

»Na schön, hinterher«, sagte Brünhild, und Siggi nickte zustimmend, wenn auch wenig begeistert.

»Toll, dass ihr euch einig seid«, meinte Filas. »Nur haben wir jetzt ein Problem: Ich seh ihn nicht mehr.« Ihr kurzes Zögern hatte gereicht, um Arden im Unterholz verschwinden zu lassen!

»Mist«, murmelte Brünhild und ging ein paar Schritte in die Richtung, wo sie ihn vorhin gesehen hatten.

»Nicht ärgern«, sagte Filas, der neben Brünhild in die Hocke ging und etwas am Boden suchte.

»Suchst du jetzt einfach weiter nach Pilzen?«, wollte Siggi verdattert wissen.

»Nein«, gab Filas zurück, »nach Spuren. Und ich glaube, da ist schon eine.«

»Oh, Filas, du bist genial!«, rief Siggi. »Ich hatte komplett vergessen, dass wir das in Wildniskunde gelernt haben.«

Brünhild warf einen prüfenden Blick auf die Spur, die Filas am Waldboden ausgemacht hatte. »Nur sieht das leider aus wie Wildschweinhufe ...«

»Aber hier ist eine Stiefelspur!«, rief Siggi aufgeregt.

Geduckt und so leise wie sie konnten, was dank Filas immer noch ganz schön geräuschvoll war, folgten sie den Spuren tiefer in den Wald hinein. Bald hörten sie ein Plätschern, und dann standen sie vor einem kleinen Fluss, der sich durch den Wald wand.

»Oh nein, die Spuren enden hier«, ärgerte sich Brünhild.

Siggi starrte auf den Wasserstrom. »Das Wasser ist hier nicht tief, vielleicht ist er einfach ein Stück hindurchgelaufen. Wir müssen nur herausfinden, wo es mit seinen Spuren weitergeht.«

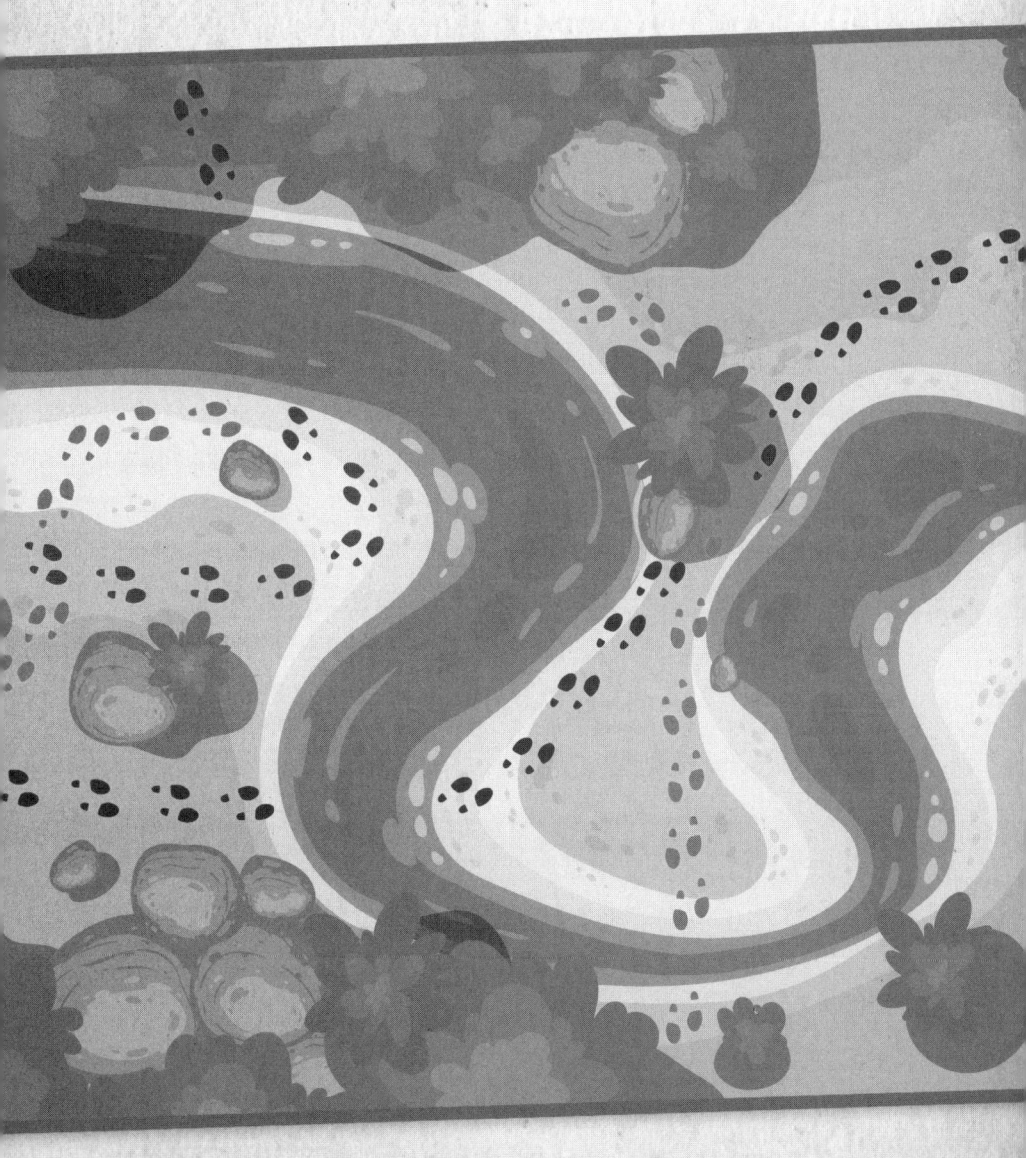

10. Der Moosmalmer

Siggi hatte Recht. Zwar bekamen sie etwas nasse Füße, aber sie schafften es, Ardens Spur wiederzufinden und ihr in Richtung Norden weiter in den Wald zu folgen.

»Da vorne ist er«, zischte Brünhild auf einmal, und schnell hockten sich die drei hinter ein paar Sträucher.

»Was macht er da?«, wunderte sich Siggi. »Sieht aus, als ob er sich auch in einem Gebüsch versteckt.«

»Vielleicht jagt er etwas«, mutmaßte Brünhild.

»Oder er verfolgt selbst jemanden«, fügte Filas hinzu.

Siggi schnüffelte. Irgendetwas roch hier komisch. So faulig ... Und jetzt raschelte etwas. Er drehte sich um und keuchte vor Angst.

Nur ein paar Schritte hinter ihnen hatte sich eine unheimliche Kreatur aus dem Unterholz erhoben. Sie hatte ein extrem breites Maul mit vielen, vielen kleinen scharfen Zähnen und drei gelbe Augen, die die Heldenschüler anstierten. Der breite Rücken des Wesens war von Moos und Flechten bedeckt. Daher hatten sie es nicht bemerkt, als sie an ihm vorbeigelaufen waren.

Filas und Brünhild hatten sich ebenfalls umgewandt.

»Was ist das denn ...?«, wollte Brünhild erschrocken wissen.

»Ein Moosmalmer«, hauchte Siggi. Er hatte Bilder von dieser Kreatur gesehen und etwas über sie gelesen.

»Sind Moosmalmer nette und harmlose Pflanzenfresser, die nur ziemlich gruselig aussehen?«, wollte Filas hoffnungsvoll wissen.

Siggi schüttelte den Kopf. »Leider nicht. Sie sind Jäger mit großem Appetit«, erklärte er mit zitternder Stimme.

»Den werden wir ihm aber ordentlich verderben!« Brünhild griff nach ihrem Kriegshammer, den sie auf den Rücken geschnallt bei sich trug.

»Warte ...« Siggi war etwas eingefallen. »Wir können ihn vielleicht vertreiben. Moosmalmer haben vor einer Sache ziemliche Angst ... Soweit ich mich erinnere.«

»Vor was?«, wollte Filas aufgeregt wissen.

Siggi raufte sich verzweifelt die Haare. Es war so schwer, sich zu konzentrieren, wenn man einem Monster gegenüberstand. »Ich weiß es nicht mehr genau. Es war irgendetwas Kleines, gar nicht so Gefährliches ...«

Der Moosmalmer stieß ein kehliges Knurren aus und machte zwei Schritte auf sie zu. Siggi wusste, dass diese Monster sich Zeit ließen und ihre Opfer genau beobachteten, bevor sie dann ganz schnell zustießen. Brünhild packte ihren Kriegshammer fester.

»Es ist ... etwas Rundes ...«, erinnerte sich Siggi. »... das im Sonnenlicht glänzt ... und das man mit der Hand umschließen kann. Haben wir so etwas?«

Eilig kramten die drei Heldenschüler in ihren Taschen.

RÄTSEL 10 🗡

Welcher Gegenstand hilft den Heldenschülern im Kampf gegen den Moosmalmer?

Das ist der Gegenstand: _____

11. Tränke für Fortgeschrittene

Die Münze!«, rief Siggi, als er das glänzende Geldstück in Brünhilds Hand sah. Sie glänzte, war rund und so klein, dass sie von einer Hand umschlossen werden konnte.

»Bist du dir sicher?«, wollte Brünhild wissen.

Siggi überlegte kurz und nickte.

Der Moosmalmer stieß nun einen heiseren Laut aus und ging zum Angriff über. Doch Brünhild sprang ihm entgegen und hielt die glänzende Münze zwischen zwei Fingern vor sich.

»Können Sie mir die vielleicht wechseln, Herr Moosmalmer?«, rief sie.

Der Moosmalmer hielt inne und stierte mit allen drei Augen die Münze in Brünhilds Hand an. Dann wich er mit einem ängstlichen Fiepen zurück. Brünhild machte einen Schritt auf ihn zu und wedelte mit der Münze herum.

»Hier, ich schenk dir die schöne Münze!«

Das war für den Moosmalmer zu viel. Er warf sich herum und verschwand, so schnell er konnte, im Unterholz.

»Bei allen mürrischen Moosfräuleins, es hat geklappt!«, entfuhr es Filas. »Unglaublich, dass so ein großer Kerl vor etwas so Kleinem Angst hat.«

Brünhild lächelte Siggi an. »Gute Arbeit, Siggi.«

Siggi war vor Angst immer noch ganz zittrig, aber brachte trotzdem ein Lächeln zustande. »Gute Arbeit, Brünhild.«

»Aber unser Verdächtiger ist leider stiften gegangen«, meldete Filas enttäuscht, während er zwischen ein paar Ästen hindurchspähte. »Er hat von da hinten bestimmt den Moosmalmer gesehen.«

»Vielleicht können wir seine Spur wiederfinden«, schlug Brünhild vor.

Doch Siggi schüttelte den Kopf. »Schaut mal, wo die Sonne steht. Wir müssen schleunigst zurück in die Burg. Sonst schickt Kendra ein Suchkommando los!«

In der Heldenschule konnten sich die drei Freunde erst einmal ganz schön was von ihrer Lehrerin anhören. Nicht nur waren sie viel zu lange im Wald unterwegs gewesen. Sie hatten auch so gut wie keine Pilze gefunden.

Siggi konnte Filas ansehen, dass er fast platzte, weil er nicht sagen durfte, dass sie stattdessen etwas viel Wichtigeres gemacht und einen mutmaßlichen Schurken verfolgt hatten. Außerdem hatten sie es mit einem Moosmalmer aufgenommen und waren in einem Stück zurückgekehrt! Aber zum Glück – und wohl auch wegen Brünhilds warnendem Blick – hielt der Elfenfreund dicht.

»Wir kommen einfach nicht weiter«, brummte Brünhild frustriert, als sie später auf dem Burghof in der Nachmittagssonne saßen. »Wenn Arden ein Schurke ist und etwas im Schilde führt, müssen wir endlich Beweise finden. Sonst ist es vielleicht zu spät.«

»Es wäre schön, wenn wir ihn einfach zwingen könnten, die Wahrheit zu sagen«, seufzte Filas.

Ihn zwingen, die Wahrheit zu sagen. Das erinnerte Siggi an etwas: »Als in *Tränke & Magische Artefakte* jemand aus Spaß diesen furchtbar stinkenden Modertrank zusammengemischt hat und es dann keiner zugeben wollte ... da hat Alchemir doch damit gedroht, dass er einen Wahrheitstrank brauen könnte.«

Filas und Brünhild sahen ihn überrascht an.

»Grandios, Siggi«, freute sich Filas. »Wir verabreichen Arden eine ordentliche Portion Wahrheitselixier, und dann fragen wir ihn ganz freundlich nach seinen Schurkenplänen.«

»Aber wie sorgen wir dafür, dass Arden den Trank zu sich nimmt?«, wollte Brünhild wissen.

»Wir könnten ihn in sein Abendessen mischen«, schlug Siggi vor.

Brünhild grinste. »Deine Pläne sind ja fast schon schurkenhaft, Siggi. Bist du sicher, dass du auf der richtigen Schule bist?«

Siggi lachte. »Oh ja, ganz sicher.«

Zu ihrem großen Glück war Alchemir am Nachmittag aufgebrochen, um ein paar Dinge in Mistelheim einzukaufen. Das würde mit Sicherheit eine Weile dauern.

Also lungerten die drei Freunde auf Geheimmission so lange

in der Nähe von Alchemirs Turm im Osten der Burganlage herum, bis ein guter, unbeobachteter Moment gekommen schien. Dann huschten sie hinein und erklommen rasch die Stufen in die erste Etage.

An der Tür zu Alchemirs Labor hing ein Holzschild, das eine bauchige Flasche neben einem strahlenden Auge zeigte. Obwohl sie sicher waren, dass der Lehrer die Burg verlassen hatte, öffnete Brünhild die Tür vorsichtig einen Spalt und linste hinein. Dann nickte sie Siggi und Filas erleichtert zu.

Die drei betraten einen Raum, in dessen Mitte ein großer Tisch stand, auf dem mehrere dicke Flaschen und andere Gefäße über Glasröhren und Schläuche nicht nur miteinander, sondern auch mit einer sonderbaren Apparatur verbunden waren. Daneben stand ein großer Kupferkessel. An den gerundeten Wänden des Turmzimmers befanden sich Regale voller Flaschen, Gläser, Tiegel und Töpfe, die mit den unterschiedlichsten flüssigen und festen Stoffen gefüllt waren. Siggi hatte das Gefühl, dass sich in manchen durchsichtigen Gefäßen etwas bewegte, aber er traute sich nicht, genauer hinzusehen.

»Zuerst einmal brauchen wir das Rezept«, murmelte Brünhild und begann in einem dicken Buch zu blättern, das auf einem Lesepult lag. Es hatte den Titel *Tränke und Elixiere für Fortgeschrittene*.

»Hier steht es!«, rief sie aufgeregt. »Wahrheitstrank, auch *Vino Verum* genannt.« Doch dann runzelte sie die Stirn und blätterte die nächsten Seiten durch. »Oje, das sind aber unheimlich viele Zutaten, und die Herstellung ist hochkompliziert. Zuerst muss man sieben verschiedene Elixiere herstellen und diese dann auch noch zusammenmischen ...« Brünhild sah enttäuscht vom Buch hoch. »Das schaffen wir niemals rechtzeitig.«

Siggi musterte die vielen Flaschen in den Wandregalen. »Und was wäre, wenn diese Elixiere hier schon fertig stehen? Kann doch gut sein, dass Alchemir die schon gebraut hat.«

Brünhilds Miene hellte sich auf. »Dann müssten wir sie nur noch zusammenrühren!«

»Was für Elixiere brauchen wir denn?«, wollte Filas wissen und hob neugierig eine Flasche mit einer pinken, milchigen Flüssigkeit hoch.

»Lass das lieber stehen, Filas«, riet Brünhild und blätterte wieder im Rezeptbuch. »Die Namen der Elixiere helfen uns leider nicht, weil auf den Flaschen keine Namen angebracht sind. Aber dafür Symbole ... schaut mal.«

Die drei Freunde verglichen die sieben Elixier-Symbole aus dem Buch mit den Zeichen auf den vielen Flaschen in den Regalen. Aber sie konnten sie nicht wiederfinden.

Frustriert starrte Brünhild noch einmal in das Rezeptbuch. »Moment, hier steht weiter unten, dass man statt der sieben reinen Elixiere auch Mischungen von ihnen verwenden kann. Die sind anscheinend oft für andere Zwecke schon vorgemischt. Dann wären es nur noch drei, die wir brauchen.« Sie sah unschlüssig vom Rezept hoch. »Aber welche drei Flaschen sollen das sein?«

RÄTSEL 11 ⚔⚔⚔

FINDE HERAUS, WELCHE DIE DREI ELIXIERE SIND, MIT DENEN DIE HELDENSCHÜLER DEN WAHRHEITSTRANK BRAUEN MÜSSEN!

Wahrheitstrank

1. ⃝ ⊙ ⬦ NR.: _____

2. ◎ ⬡ NR.: _____

3. ⊛ ⌣ NR.: _____

12. Wahrheit zum Abendessen

Nachdem die Freunde darauf gekommen waren, dass manche der Flaschen im Labor Symbole hatten, die aus mehreren Elixier-Symbolen aus dem Rezeptbuch kombiniert waren, konnten sie drei passende Flaschen finden. Eine stand in der vordersten Reihe rechts, war eckig und bauchig und enthielt eine orange Flüssigkeit. Eine weitere stand hinten links, ihr Korken glich einer Krone und sie war mit einem blauen Elixier gefüllt.

»Das hier ist die dritte«, verkündete Filas und stellte eine herzförmige Flasche, die vor der zweiten gestanden hatte, mit einer tiefroten Flüssigkeit dazu. »Das könnte ein Liebeselixier sein. Wollen wir das auch jemandem ins Essen mischen?«

Siggi kicherte. »Ja, zum Beispiel Tulga und Hagen. Das wäre ein Paar!«

Brünhild war nicht nach Lachen zumute. Sie las wieder konzentriert im Rezeptbuch. »Wir müssen aufpassen, dass wir die Elixiere in der richtigen Reihenfolge mischen. Sonst kann es passieren, dass wir aus Versehen *Sapifo* herstellen, den gefährlichen *Trank der Schattenmagie*. Für den benötigt man dieselben Zutaten, nur in anderer Reihenfolge.«

Sieh dir die Schriftrolle auf S. 205 an. Verbinde die Buchstaben so, dass der Name des Tranks der Schattenmagie entsteht.

»Ach, wir passen schon auf«, versicherte Filas und schnappte sich eine der Elixierflaschen. »Mit welcher geht's los?«

»Vielleicht lässt du mich das lieber machen«, schlug Siggi eilig vor. Denn er hatte panische Angst vor Schattenmagie und allem, was dazugehörte.

Filas zog beleidigt die Unterlippe vor. »Etwa, weil du denkst, dass ich das nicht kann?«

»Nein ...«, entgegnete Siggi zögernd. Er wollte seinen Freund nicht verletzen, aber Filas war einfach zu hastig und unaufmerksam für so eine brisante Sache. Schnell sah er sich um und hatte eine Idee: »Es wäre einfach besser, wenn du dir den Kochlöffel mit dem langen Stiel schnappst und im Kessel umrührst, während ich die Elixiere reinschütte. Ich kann doch kaum über den Kesselrand gucken, und du bist halt größer.«

Filas lächelte zufrieden. »Ach, sag das doch gleich. Ist ja nicht schlimm, dass du so ein kleiner Gnom bist.«

Nach Brünhilds Anleitung schüttete Siggi eine Flasche nach der anderen in den großen Kessel, während Filas fleißig umrührte. Nach Siggis Geschmack etwas zu fleißig und hektisch, aber er verkniff es sich, ihn zu kritisieren.

Die roten, blauen und orangen Flüssigkeiten vermischten sich nach und nach. Dann blubberte es auf einmal im Kessel, obwohl sie gar kein Feuer darunter gemacht hatten.

Siggi zog Filas aus Vorsicht lieber ein Stück zurück. Ein süßlich riechender Dampf stieg mit einem Mal aus dem Kessel auf. Nachdem er verzogen war, wagten sich die Freunde langsam wieder an den Kessel heran und sahen hinein.

»Wie können Rot, Orange und Blau denn eine glasklare Flüssigkeit ergeben?«, wollte Brünhild verdutzt wissen.

»Ich glaube, wenn es um magische Tränke geht, gelten die Gesetze der Farbmischung nicht mehr«, vermutete Siggi.

Vorsichtig schöpften sie die Flüssigkeit, bei der es sich hoffentlich um den Wahrheitstrank handelte, aus dem Kessel und füllten sie in eine leere Flasche, die mit einem Korken verschlossen wurde. Brünhild nahm noch ein ganz kleines Fläschchen mit, das sie im Speisesaal besser verstecken konnten.

Danach verließen sie eilig Alchemirs Turm.

Später, auf dem Weg zum Abendessen, war Siggi furchtbar nervös. Sie mussten es schließlich schaffen, den Wahrheitstrank in Ardens Essen oder Getränk zu schütten und ihm danach auch noch die richtige Frage zu stellen. Zwar hatten sie sich dafür einen Plan überlegt, aber der konnte schiefgehen.

»Ihr esst heute aber schnell«, wunderte sich das Elfenmädchen Alyndrel, das in ihrer Nähe am langen Esstisch saß. Siggi, Brünhild und Filas wollten mit dem Essen fertig sein, bevor Arden den Lehrertisch verlassen würde.

»Wir lieben halt Linsen«, behauptete Filas, wobei ihm ein paar davon aus dem Mund purzelten.

Nachdem sie ihren Linseneintopf runtergeschlungen hatten, stand Brünhild auf und ging zum Lehrertisch. Siggi und Filas folgten ihr.

Arden saß neben Jaromir von Donnerhall, einem alten Ritter, der auch innerhalb der sicheren Burg gerne seine Rüstung trug. Er unterrichtete *Heldengeschichte* und *Lanzenreiten*. Jaromir hatte eine Vorliebe für lange Geschichten aus seinen frühen Heldentagen. Auch jetzt erzählte er Arden gerade etwas und fuchtelte dabei mit seinem Esslöffel in der Luft herum, als ob er ein Schwert wäre.

Brünhild räusperte sich.

Überrascht blickten die beiden Lehrer sie, Filas und Siggi an. Arden schien sogar etwas erleichtert, dass Jaromirs Erzählfluss unterbrochen wurde.

»Entschuldige, Jaromir«, begann Brünhild. »Ich habe noch eine Frage zur heutigen Stunde in Heldengeschichte.«

Jaromir nickte gutmütig. Er mochte Brünhild, denn die hörte gerne alte Heldengeschichten und war in seinem Unterricht immer eine der Aufmerksamsten.

»Du hast uns erzählt, wie du einst zusammen mit Kalinara der Kriegerischen in die Zitadelle des Grausamen Grafen eingedrungen bist. Aber wie hast du Kalinara überhaupt kennengelernt?« Siggi bemerkte, dass Brünhild überhaupt nicht rot wurde, während sie sprach. Denn, so unglaublich das auch war, sie wollte das wirklich gerne wissen!

Jaromir nickte lächelnd. »Eine hervorragende Frage, Brünhild. Vielleicht ist dir bekannt, dass Kalinara und ich eigentlich aus verfeindeten Fürstentümern stammen. Es begab sich jedoch eines Tages ...«

Während Jaromir auf seine sehr ausführliche Art zu erzählen begann, drängten sich Filas und Siggi hinter Brünhild und taten so, als ob sie ebenfalls interessiert lauschten. Zugleich schielten sie aber zu Arden rüber. Der schien froh, seine Ruhe zu haben, löffelte seinen Linseneintopf und ignorierte die Schüler. Bis Filas mit großen Augen erschrocken an Arden vorbeiblickte und sagte: »Ist das etwa eine Irtusische Vampir-Spinne?«

Als Arden sich alarmiert umwandte – denn Irtusische Vampir-Spinnen waren hochgiftig –, war Siggis Moment gekommen. Er beugte sich vor und zog mit zitternden Händen das kleine Fläschchen aus seinem Ärmel.

»Das ist nur ein harmloser Weberknecht«, brummte Arden und wollte sich wieder seinem Teller zuwenden. Doch Filas wies aufgeregt auf einen anderen Punkt an der Wand. »Nein, ich meine da!«

Schnell entkorkte Siggi das Fläschchen und kippte den Inhalt in Ardens Linsengericht. Dann ließ er das Fläschchen gerade noch rechtzeitig im Ärmel verschwinden, bevor Arden sich wieder umdrehte.

»Das ist eine Winkelspinne. Die ist auch vollkommen harmlos. Lernt ihr denn gar nichts in *Monster & Kreaturen*?«, brummte Arden ungehalten. Dann wandte er sich wieder seinen Linsen zu und schaufelte einen weiteren Löffel in seinen Mund.

Siggi wartete, bis Arden noch zwei Löffel gegessen hatte. Dann versuchte er sein Glück. »Warum genau bist du eigentlich nach Burg Tollkühn gekommen, Arden?«, fragte er, wobei ihm das Herz vor Aufregung bis zum Hals schlug.

Arden sah grimmig von seinem Eintopf hoch. »Weil ich auf geheimer Mission bin und unbedingt das Grimorium finden muss, bevor seine schwarze Magie –«

Was Arden danach sagte, konnte Siggi jedoch nicht mehr verstehen. Denn auf einmal dröhnte Gudruns volle Stimme direkt in sein Ohr. Die Schulleiterin war hinter ihm und Filas aufgetaucht.

»Was treibt ihr hier die ganze Zeit am Lehrertisch? Könnt ihr den armen Arden nicht in Ruhe essen lassen?«

Der »arme« Arden hatte nun aufgehört zu sprechen und starrte Siggi und Filas verwirrt an. Dann stand er hastig auf.

»Alles in Ordnung, Arden?«, wollte Gudrun besorgt wissen.

»Nein, überhaupt nicht«, sagte Arden, bei dem der Wahrheitstrank immer noch wirkte. »Ich erzähle hier Sachen, von denen niemand wissen soll.« Er fasste sich erstaunt an die Lippen. Das hatte er wohl auch nicht sagen wollen. Eilig verließ er den Tisch und lief aus dem Speisesaal. So kopflos, dass er beinahe über Fafnir gestürzt wäre, der etwas verschütteten Eintopf vom Boden aufschleckte.

Gudrun stemmte die Arme in die fülligen Hüften und funkelte Siggi und Filas finster an. »Unglaublich, dass ihr einen so gestandenen Helden derart aus der Ruhe bringen könnt. Ihr beiden Nervensägen geht jetzt auch besser.«

»Das hat doch großartig funktioniert! Arden hat geplaudert«, freute sich Filas, als sie sich wenig später in eine Ecke des Burghofs zurückgezogen hatten. »War meine Spinnen-Ablenkung nicht genial?«

»Das war sie«, lobte Siggi. »Und jetzt wissen wir, dass Arden wirklich etwas im Schilde führt! Nur leider hat Gudrun uns unterbrochen, bevor er alles erzählen konnte.«

»Was hat er denn gesagt?«, wollte Brünhild gespannt wissen. Schließlich hatte sie Jaromirs Erzählung lauschen müssen und so gar nichts mitbekommen.

Siggi legte nachdenklich den Kopf schief. »Er sagte etwas von einem ... *Grimorium*, das er auf der Burg sucht. Und etwas von schwarzer Magie ... Das war es leider schon.«

»Grimorium?«, wiederholte Brünhild. »Nie gehört.« Sie guckte etwas enttäuscht. »Das ist wahrscheinlich nicht genug, um ihn vor Gudrun zu beschuldigen. Etwas zu suchen ist ja noch kein Verbrechen.«

»Schwarze Magie schon«, warf Filas ein.

»Aber die muss er ja erst mal anwenden«, erwiderte Brünhild.

Siggi zupfte sich gedankenversunken am Ohrläppchen. »Falls die schwarze Magie in diesem Grimorium steckt, dann ist es ein schwarzmagisches Artefakt ...«

»Ja«, bekräftigte Brünhild. »Aber was bringt uns das?«

Siggi lächelte. »Wenn es ein bekanntes schwarzmagisches Artefakt ist, finden wir dazu vielleicht etwas in der Bibliothek.«

Außer Atem betraten die drei Freunde kurze Zeit später die Bibliothek. Sie waren so gespannt, dass sie die steilen Treppen bis ins dritte Obergeschoss des Hauptgebäudes hochgerannt waren.

»Nach welchem Buch suchen wir?«, wollte Filas wissen.

»*Schwarzmagische Artefakte von A bis Z*«, erklärte Brünhild. »Das ist irre dick, und es werden darin Hunderte Artefakte vorgestellt. Wenn dieses Grimorium da nicht drinsteht, dann bestimmt nirgendwo.«

Filas flitzte die vollgestellten Regale entlang. Die Bücher waren hier nach Anfangsbuchstaben geordnet. »S ... S-C-H ...«, murmelte der Elf. Dann blieb er stehen und starrte eine Buchreihe an. »Es ist nicht da.«

Siggi und Brünhild kamen dazu. Filas hatte Recht: Zwischen dem *Schwarzmagier*-Lexikon und dem Buch *Der Schwarze Ritter*, wo der gesuchte Band hätte stehen sollen, stand stattdessen das Buch *Wechselbälger und andere Gestaltwandler*.

Brünhild nahm das falsch einsortierte Buch aus dem Regal.

»Vielleicht steht unser Buch ja an dessen Platz«, hoffte sie.

Doch auch dort war ein anderes Buch falsch einsortiert. Auf diese Weise fanden die drei Heldenschüler insgesamt acht Bücher, die falsch einsortiert waren. Aber *Schwarzmagische Artefakte von A bis Z* war nicht darunter.

»Offenbar hat es jemand ausgeliehen«, mutmaßte Siggi niedergeschlagen. »Aber wie sollen wir herausfinden, wer?«

RÄTSEL 12 ⚔⚔

Setze den Hinweis zusammen.
Wer könnte das Buch haben?

Diese Person hat das Buch:

_____

13. Wulfriks Warnung

Alyndrel könnte es haben«, verkündete Filas aufgeregt.
»Wie kommst du ausgerechnet auf sie?«, wollte Brünhild
wissen.

Filas hielt etwas zwischen seinen Fingern, das so dünn war,
dass Siggi und Brünhild genau hingucken mussten. Es war ein
langes dunkles Haar.

»Dieses Haar lag im Regal unter dem *Wechselbälger*-Buch,
also dort, wo unser Buch hätte stehen sollen. Und ich bin sicher,
dass es Elfenhaar ist, schaut doch, wie es glänzt! Und Alyndrel
ist eine Elfe und hat lange schwarze Haare.«

Brünhild blieb skeptisch. »Das kann sie aber auch ein andermal hier verloren haben.« Sie zuckte mit den Schultern. »Aber
einen Versuch ist es wert.«

Alyndrel guckte ganz schön überrascht, als sie die Zimmertür
öffnete und drei hoffnungsvolle Augenpaare auf sich gerichtet
sah. Aber dann gab sie sofort zu, dass sie das Buch ausgeliehen
hatte. Für einen Aufsatz über eine Elfenheldin, die es unter an-
derem mit einem mächtigen schwarzmagischen Ring zu tun

bekommen hatte. Sie war längst damit fertig und hatte nur vergessen, das Buch zurückzubringen.

Aufgeregt schleppten die Freunde den dicken Wälzer in das Zimmer von Siggi und Filas rüber.

»Grimorium ...«, murmelte Brünhild, während sie die Seiten umblätterte und Siggi und Filas gespannt über ihre Schultern guckten. »Da steht es!«, jubelte Brünhild und begann vorzulesen:

»Grimorium ... Ein legendäres Buch, in dem viele besonders seltene und mächtige schwarzmagische Zaubersprüche gesammelt sind. Seine Herkunft ist unbekannt. Der letzte bekannte Besitzer des Grimoriums war Morfod der Missmutige, ein gefürchteter Schwarzmagier. Seit Morfod von Wulfrik dem Tollkühnen besiegt wurde und seine Schurkenfestung zusammenstürzte, gilt das Grimorium als verschollen.«

»Bei allen hinterhältigen Blumenfeen!«, stieß Filas hervor. »Das Grimorium ist also eindeutig etwas, das ein Schurke suchen würde ...«

»Und es ist vielleicht hier auf Burg Tollkühn ...«, fügte Brünhild hinzu.

»Und ich kenne denjenigen, der uns damit weiterhelfen kann«, sagte Siggi. »Es wird höchste Zeit für ein Treffen mit Wulfrik!«

Wulfrik der Tollkühne war der Großonkel von Gudrun, der Schulleiterin, und der frühere Herr von Burg Tollkühn. Er war schon lange tot, aber sein Geist wanderte noch immer in der Burg herum. Und Siggi war die einzige Person in der Heldenschule, die Wulfriks Geist sehen und mit ihm sprechen konnte. Denn vermutlich hatte ausgerechnet Siggi, der sich vor Geistern gewaltig fürchtete, die seltene Gabe des Geistersehens.

Wulfriks Geist fürchtete er jedoch nicht. Im Gegenteil: Siggi traf sich gerne mit dem Helden-Geist, der ihm schon öfters wertvolle Ratschläge gegeben hatte.

Die Sonne verschwand gerade hinter den fernen Basilisken-Bergen, als Siggi die Treppe zum östlichen Wehrgang hinauflief. Dies war ihr üblicher Treffpunkt, denn Wulfriks Geist war gerne während der Dämmerung hier.

»Wulfrik?«, sagte Siggi. »Falls du mich hörst: Es ist dringend.«

Es dauerte einige Momente, aber dann erklang Wulfriks Stimme plötzlich neben ihm: »Da hast du aber Glück, dass ich gerade nichts anderes zu tun habe.« Der Geist lachte.

Siggi sah zur Seite, wo nun ein Mann mit flammend roter Haarmähne und einem prächtigen Bart an der Mauer lehnte. Er trug ein Kettenhemd und einen Wappenrock, der einen brüllenden Bären zeigte.

»Hallo Wulfrik«, sagte Siggi erleichtert.

»Sei gegrüßt, Siggi«, erwiderte der Geist. »Wo drückt denn der Stiefel?«

»Ich muss ganz dringend wissen, was damals mit dem Grimorium passiert ist, als du Morfod den Missmutigen besiegt hast.«

Wulfrik sah Siggi erstaunt an. »Morfod und das Grimorium?

Das hätte ich jetzt nicht erwartet. Brauchst du das für eine Hausarbeit?«

Siggi schüttelte den Kopf. »Nein. Meine Freunde und ich befürchten, dass Burg Tollkühn in Gefahr ist. Und dass das Grimorium etwas damit zu tun hat.«

Wulfriks Geist kratzte sich gedankenverloren am Bart – obwohl Siggi sich nicht sicher war, ob körperlose Geister das wirklich konnten. »Lass mich mal überlegen. Es ist ja schon ein Weilchen her ... Also ich erinnere mich, dass ich damals zusammen mit einem Trupp Helden die Festung von Morfod gestürmt habe. Dann gab es einen großen Kampf, an dessen Ende die Festung komplett zusammenkrachte. Da war einiges an Magie auf beiden Seiten mit im Spiel. Morfod ist da wohl nicht mehr lebend rausgekommen.«

»Und das Grimorium?«, wollte Siggi wissen.

»Das konnte ich vorher an mich nehmen. Ich habe es zusammen mit Alynor, einem befreundeten Elfendruiden, der an der Mission teilgenommen hatte, hier auf die Burg gebracht. Dieses Buch ist extrem gefährlich, es durfte keinesfalls einem anderen Schurken in die Hände fallen.«

»Also ist es hier?«, unterbrach Siggi aufgeregt. »Wo?«

»Eine gute Frage«, sagte Wulfrik. »Wir wussten, dass die Gefahr bestand, dass mich eines Tages jemand mit einem Wahrheitstrank oder Zauber dazu bringen könnte, zu verraten, wo das Grimorium auf meiner Burg verborgen ist. Also vereinbarten wir, dass Alynor es hier irgendwo versteckt und mit einem Zauber tarnt – aber mir nicht verrät, wo. Ich glaube nur, mich erinnern zu können, dass er damit die Treppe im Hauptgebäude hochgelaufen ist.

Danach ist Alynor losgezogen, um auf ein großes Heldenabenteuer zu gehen. Und ich bin wenig später in der Schlacht in der Trollschlucht gefallen, ohne ihn noch einmal wiederzusehen. Ich habe keine Ahnung, was aus ihm geworden ist.«

Siggi wusste nicht, ob er jetzt enttäuscht oder erleichtert sein sollte. Offenbar war das gefährliche Buch gut verborgen. Aber andererseits schien Arden zu wissen, dass es hier auf der Burg war, und suchte danach.

Wulfrik musterte Siggi nachdenklich. »Du suchst doch nicht etwa nach diesem verdammten Buch? Davon kann ich dir nur abraten. Es ist extrem gefährlich und sollte für immer verborgen bleiben.«

Siggi schluckte betreten. Eigentlich wäre ihm das auch am liebsten. »Die Sache ist, dass bereits jemand anderes nach dem Grimorium sucht. Ein Mann namens Arden Frostklinge«, erklärte er. »Wir glauben, dass er ein Schurke ist, aber haben keine Beweise, um ihn zu überführen. Bevor *er* dieses gefährliche Buch in die Hände bekommt, sollten wir es nicht lieber zuerst finden und in Sicherheit bringen?«

Wulfrik seufzte und guckte in die abendliche Landschaft hinaus. »Da hast du vermutlich Recht. Mit dem Grimorium ist jedoch wirklich nicht zu spaßen. Es steckt bis obenhin voller dunkler Magie. Wenn ihr euch schon damit herumschlagen müsst, solltet ihr gut vorbereitet sein. Alynor hat damals Notizen mit dem wichtigsten Wissen zum Grimorium angefertigt.«

»Gibt es diese Notizen noch?«, erkundigte sich Siggi gespannt.

Wulfrik überlegte und hob die Schultern. »Möglicherweise liegen sie noch bei meinen alten Sachen, die Gudrun aufbewahrt.«

Siggi nickte. »Also wahrscheinlich in ihrer Schreibstube ...«

»Genau. Vielleicht hilft euch dieses Wissen ja auch dabei, das Grimorium zu finden.« Wulfrik lächelte. »Ich bewundere deinen Einsatz für die Heldenschule, Siggi.«

Siggis Wangen röteten sich etwas. Ein Lob vom Geist eines so bedeutenden Helden zu erhalten, war schon etwas Besonderes. Für einen Moment war die Angst, die ihn bei dieser Sache die ganze Zeit begleitete, verschwunden, und er fühlte sich ganz schön heldenhaft.

Doch dann schlich sich Sorge in Wulfriks Miene. »Wenn ihr das Grimorium findet, seid jedoch äußerst wachsam. Dieses Buch ist wirklich brandgefährlich.«

Siggi fühlte, wie es ihm bei diesen Worten so kalt den Rücken runterlief wie ein Strom aus Eiswasser. Die Angst war wieder da!

Nachdem Siggi seine Freunde über das Gespräch mit Wulfrik unterrichtet hatte, drängte Brünhild darauf, sofort nach Alynors Aufzeichnungen zum Grimorium zu suchen. Schließlich wussten sie nicht, wie viel Zeit sie noch hatten, bevor Arden das Buch vor ihnen finden würde.

Mittlerweile war die Sonne untergegangen, und es war nicht

mehr lange bis zur Bettruhe. Die drei schlichen über den dunkler werdenden Hof, zum Glück ohne Raufell oder Fafnir zu treffen, und stellten fest, dass in Gudruns Turm kein Licht mehr brannte.

Die Tür zum Turm war jedoch verschlossen. Da fiel Brünhild ein, dass sie den »geliehenen« Ersatzschlüsselbund immer noch in ihrer Umhängetasche mit sich trug! Sie hatte völlig vergessen, ihn zurückzubringen, und bekam auf der Stelle ein furchtbar schlechtes Gewissen. Aber dafür kamen sie nun in den Turm rein, auch wenn Siggi sich mehr als nur unwohl dabei fühlte, das zweite Mal innerhalb kurzer Zeit unerlaubt in einen der Türme zu schleichen.

In der zweiten Etage, wo sich Gudruns Studierzimmer befand, wartete die nächste verschlossene Tür auf sie. Brünhild probierte einen Schlüssel nach dem anderen aus, doch keiner schien der richtige zu sein. Manche passten zwar ins Schloss, aber sie ließen sich nicht herumdrehen.

Da fiel Siggi etwas ein. Er hatte Gudrun einmal dabei beobachtet, wie sie die Tür aufgeschlossen hatte. »Das ist kein normales Schloss«, erklärte er. »Gudrun benutzt dafür immer zwei Schlüssel zusammen!«

RÄTSEL 13 ⚔⚔

WELCHE BEIDEN SCHLÜSSEL MÜSSEN KOMBINIERT WERDEN, UM DAS SCHLOSS ZU ÖFFNEN?

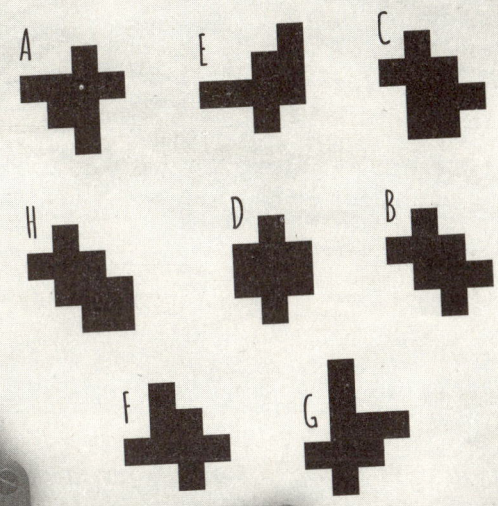

ES SIND DIESE BEIDEN SCHLÜSSEL: _____

14. Alynors Botschaft

Nach Siggis hilfreicher Erinnerung fanden sie die beiden Schlüssel, mit denen sich das Schloss öffnen ließ, wenn man sie gleichzeitig hineinsteckte. In den ersten Schlüssel war ein *B* und in den zweiten ein *F* eingraviert.

Im Licht von Filas' Mondstein betraten sie Gudruns Studierzimmer. Siggi wusste, wonach sie zu suchen hatten: die große Truhe in einer Ecke des Raums, in deren Deckel »WT« eingraviert war. Das stand für *Wulfrik der Tollkühne*.

Denn Siggi hatte schließlich schon einmal zusammen mit Filas etwas aus Wulfriks Nachlass geholt – natürlich mit Erlaubnis des Heldengeists: ein magisches Amulett. Kurz dachte Siggi an das Amulett von Courago und wie es ihn vorübergehend unglaublich mutig gemacht hatte. Das hätte er jetzt wieder gut gebrauchen können ...

Doch dann fiel ihm ein, wie er unter dem Einfluss des Amuletts seine Freunde und sich selbst in Gefahr gebracht hatte. Gar keine Angst mehr zu haben, war auch keine Lösung.

»Siggi, hörst du nicht?«, flüsterte Brünhild leicht genervt und zog an seinem Arm.

»Äh, was?«, murmelte Siggi, als er aus seinen Gedanken hochschreckte und sah, dass Filas die Truhe bereits geöffnet hatte und darin herumfuhrwerkte.

»Weißt du, wie diese Notizen zum Grimorium aussehen? Ist es eine Schriftrolle?«

Siggi zuckte mit den Achseln. »Vermutlich. Wulfrik hat nichts Genaues gesagt.«

In der Truhe fanden sich zwar neben Trinkhörnern, geschnitzten Holzfiguren, Schrumpfköpfen und etwas Schmuck auch ein paar Pergamentrollen, aber diese entpuppten sich als Kochrezepte mit exotischen Gerichten, Anleitungen zur Waffenpolitur und ein nicht besonders gutes Gedicht über einen Ritter, der sein Schwert verloren hatte. Doch dann zog Brünhild ein Stück Pergamentpapier heraus. »Da steht *Erinnerung Grim* drauf. Aber darunter ist nur eine merkwürdige Zeichnung.«

Siggi und Filas betrachteten das Fundstück.

»Ob das irgendeine verrückte Zeichensprache ist?«, überlegte Filas.

»Ich habe keine Ahnung, was das bedeuten soll. Die Notizen sind das sicher nicht. Das sind doch nur dunkle Quadrate«, meinte Siggi enttäuscht. »Vielleicht erinnert sich Wulfrik, was Alynor damit meinte.«

Während Siggi und Brünhild die Kiste wieder einräumten, schlenderte Filas ein Regal mit Büchern und Schriftrollen entlang und leuchtete mit dem Mondstein hinein.

»Hat Wulfrik denn gesagt, dass diese Notizen in der Truhe sind?«, wollte er wissen.

Siggi hob die Schultern. »Ich glaube nicht. Aber wo sollen sie denn sonst sein?«

»Vielleicht hier drin.« Filas leuchtete eine kleine Holzkiste an. In sie waren ebenfalls die Initialen »WT« eingraviert.

»Noch mehr Hinterlassenschaften von Wulfrik«, freute sich Brünhild. »Vielleicht werden wir da fündig.«

Nachdem sie die Kiste aus dem Regal gehoben und geöffnet hatten, staunten sie nicht schlecht: In der Kiste waren bestimmt 30 Schriftrollen in kleinen Fächern untergebracht.

»Die müssen wir jetzt wohl alle aufrollen und lesen«, seufzte Siggi. »Dabei sind wir schon viel zu lange hier drin. Gudrun könnte jeden Moment auftauchen!«

»Oder es gibt eine andere Möglichkeit«, murmelte Brünhild und sah sich noch einmal das Papierstück mit der rätselhaften Zeichnung an.

RÄTSEL 14

FINDE MITHILFE VON WULFRIKS ZEICHNUNG HERAUS,
WELCHE DIE RICHTIGE SCHRIFTROLLE IST.

	A	B	C	D	E	F
1	◎	■	◎	◎	◎	◎
2	◎	◎	■	◎	■	◎
3	◎	◎	■	◎	◎	■
4	■	◎	◎	■	■	◎
5	◎	◎	■	◎	■	◎

DIE RICHTIGE SCHRIFTROLLE IST:

_____

15. Das Grimorium

Wenn Brünhild Recht hatte, dann wies die Erinne-
rungs-Notiz zusammen mit der Zeichnung auf der
Innenseite des Kistendeckels auf das Fach hin, in dem sich die
Schriftrolle über das Grimorium befand. Denn nahm man beide
Zeichnungen zusammen, blieb nur ein Feld übrig, das nicht ge-
füllt war.

Gespannt zog Brünhild die Pergamentrolle aus dem Fach B4
und entrollte sie.

»Das Grimorium der Schattenmagie und Bannsprüche«, las sie
aufgeregt vor, während Filas und Siggi sich um sie drängten.

Schlage nun das Buch auf S. 206 auf.
Kehre wieder hierhin zurück, sobald du dir
die Informationen dort durchgelesen hast.
Trage noch nichts ein!

»W-W-Wächterdämon?!«, stieß Siggi furchtsam hervor. »Das ist nicht nur *eine* Nummer zu groß für uns, sondern mindestens *zehn*!«

Brünhild wollte etwas erwidern, als mit einem Mal Lärm vom Burghof durch das Fenster drang.

Filas steckte neugierig den Kopf hinaus. »Da ist ja was los!«, kommentierte er.

»Was denn?«, wollte Siggi nervös wissen.

»Titanius hat jemanden durch das Tor eingelassen. Ich glaube, das ist einer der Händler aus Mistelheim. Holla, ist der aufgeregt! Und jetzt kommen Kendra und Gudrun angelaufen.«

»Lasst uns schnell runtergehen«, drängte Brünhild und steckte Alynors Notizen ein. »Nicht, dass man uns noch erwischt, falls sie den Mann hier reinbringen!«

»Orks!«, rief der Mann mit sich überschlagender Stimme. »Sie haben sich vor Mistelheim versammelt und wollen das Dorf angreifen!«

Orks waren ein Volk von wilden, kampflustigen und monströsen Kriegern, mit denen es Helden oft zu tun bekamen.

Mittlerweile waren auch die anderen Lehrkräfte im abendlichen Burghof aufgetaucht, der nun von Fackeln erleuchtet wurde. Außerdem einige Schülerinnen und Schüler sowie ein paar der Dienstboten.

Siggi, Filas und Brünhild hatten die Ablenkung genutzt, um heimlich aus Gudruns Turm zu schleichen, und gesellten sich jetzt möglichst unauffällig zu den anderen.

Gudrun verschränkte ernst die Arme. »Wie viele Orks sind es?«

»Bestimmt fünfzig! Schwer bewaffnet! Ihr müsst uns helfen!«

»Sonderbar, dass die Schwarzpelze sich so weit vorwagen«, meinte Kendra, die Halbelfe mit der Augenklappe, und musterte den Mann skeptisch mit ihrem gesunden Auge.

Grimma ließ ihre dicken Fingerknöchel knacken. »Den Fehler haben sie heute auf jeden Fall zum ersten und letzten Mal gemacht.« Sie sah fragend zu Gudrun rüber. »Wir knöpfen uns die Orks doch vor, oder?«

Gudrun nickte. »Natürlich. Mistelheim steht unter unserem Schutz.« Die alte Walküre sah sich im Burghof um. Mittlerweile schienen sich alle Bewohner der Heldenschule versammelt zu haben.

Tulga reckte ihre Faust in die Luft. »Jaaa! Aus denen machen wir Ork-Hack!«, jubelte die junge Zwergin. Siggi hatte seine Mitschülerin selten so fröhlich gesehen.

Gudruns Miene verfinsterte sich, und sie schüttelte den Kopf. »Nein. Dafür seid ihr noch nicht reif. Alle Schülerinnen und Schüler bleiben hier.«

Während Tulga, Gunnar und ein paar andere enttäuscht protestierten, atmete Siggi unendlich erleichtert auf.

»Wie schade! Ich hätte so gerne den Orks meine Schwertkünste gezeigt«, rief Hagen dramatisch. Siggi war sich jedoch sicher, dass Hagen genauso froh war wie er, dass er nicht gegen blutrünstige Orks in die Schlacht ziehen musste.

»Ihr werdet hier in der Burg warten, bis wir zurückkommen«,

befahl Gudrun in einem Ton, der keinen Widerspruch duldete. Sie sah die anderen Lehrerinnen und Lehrer an. »Und jemand von uns muss hierbleiben und diesen Sack Helden-Flöhe hüten.«

Alchemir hob eilig die Hand. »Ich bin gerne bereit, als Verteidiger der Burg zurückzubleiben.«

Gudrun verzog unwillig das Gesicht. »Einen Heiler werden wir bei dem Kampf aber sicher brauchen.«

»Dann bleibe ich«, sagte jemand. Es war Arden Frostklinge.

Gudrun überlegte kurz und nickte dann. »So sei es. Wir anderen haben nun keine Zeit mehr zu verlieren. Bewaffnet euch, und dann treffen wir uns am Tor!«

»Das ist nicht gut, oder?«, raunte Filas seinen Freunden zu.

»Natürlich ist das nicht gut, wenn ein Haufen Orks Mistelheim angreift!«, zischte Siggi.

»Nein«, erwiderte Filas, »ich meine, dass Arden als einziger Lehrer hierbleibt.«

»Filas hat Recht«, sagte Brünhild leise. »Das ist überhaupt nicht gut. Irgendwas hat er vor. Vielleicht weiß er nun, wo das Grimorium ist.«

»Was machen wir jetzt nur?«, fragte Siggi unsicher.

»Wir müssen Gudrun warnen«, entschied Brünhild. »Auch, wenn wir noch nicht genug Beweise haben. Sonst ist es vielleicht zu spät.«

»Dann sollten wir uns aber beeilen«, meinte Filas und zeigte an Brünhild vorbei.

Die Walküre Gudrun, die Halbelfe Kendra, die Barbarin Grimma, der Zwerg Darx und Ritter Jaromir von Donnerhall stampften gerüstet und bewaffnet auf das Burgtor zu. Aus seinem Turm kam nun auch Alchemir angelaufen. Er trug einen vollgepackten Rucksack auf dem Rücken und einen langen, kunstvoll geschnitzten Stab mit einem Kristall obendrauf in der Hand, über den er in der Eile fast stolperte.

Im Laufen sah sich Grimma ungewohnt hektisch im Burghof um. »Rauuufellll! Bei Fuß!«, brüllte sie dann in einer Lautstärke, die Siggis Trommelfelle noch eine ganze Weile beben ließ. »Wo steckt er nur? Das wäre unser erster großer Kampf zusammen«, brummte die Barbarin enttäuscht.

»Wir können nicht auf ihn warten«, entschied Gudrun und führte den kleinen Trupp weiter zum Burgtor.

»Jetzt oder nie«, sagte Brünhild und lief los. Siggi und Filas folgten ihr.

»Gudrun!«, rief Brünhild, als sie die kampfbereite Lehrerschaft fast erreicht hatten. »Wir müssen dir etwas Dringendes sagen!«

Gudrun marschierte unbeeindruckt weiter und hielt Brünhild nur eine große Hand abwehrend entgegen. »Nicht. Jetzt.«

»Aber«, begann Brünhild, »es ist –«

»Sprich mit Arden, er ist nun für euch verantwortlich«, rief Gudrun, ohne sich umzudrehen. Dann verschwand sie aus dem Burgtor.

»Aber Arden ist –«, rief Brünhild.

»Was bin ich?«, sagte jemand hinter ihnen.

Erschrocken verstummte Brünhild, und die Freunde fuhren herum.

Arden Frostklinge stand vor ihnen, seine Hand auf dem Knauf eines Schwertes, das er nun in einer Scheide am Gürtel trug. Es war das Schwert mit dem eiskristallartigen Griff, das sie in seinem Zimmer gesehen hatten.

»Ihr drei schon wieder«, murmelte Arden, dann erhob er seine Stimme ungehalten. »Also, *was* ist mit mir, Mädchen?«

Hinter ihnen schlossen ein Knecht und eine Magd krachend die Torflügel und verriegelten sie.

Brünhilds Gesichtsfarbe wechselte von kreidebleich zu tomatenrot. »Du – du –«, begann sie unsicher.

»Du bist noch neu auf der Burg«, sprang Siggi ein. »Brünhild wollte von Gudrun wissen, ob ... wir dir helfen sollen, wenn du Fragen hast.«

»Wir kennen uns auf Burg Tollkühn nämlich ziemlich gut aus«, mischte sich Filas ein.

Arden starrte die drei für einen Moment misstrauisch an.

»Das ist wohl nicht nötig«, sagte er dann knapp. Er wandte sich zur Mitte des Burghofs, wo die übrigen Heldenschüler und das Dienstpersonal noch immer warteten, und erhob seine raue Stimme: »Ihr bleibt alle ruhig. Wir sind hier in der Burg sicher. Haltet das Tor geschlossen und die Umgebung im Auge.« Arden nahm sich eine brennende Fackel aus einer Halterung. »Ich werde einen Kontrollgang machen. Ihr bleibt am besten alle hier zusammen.« Dann wandte er sich um und entfernte sich mit schnellen Schritten.

»Auf die Burgmauern!«, rief Tulga. »Vielleicht sehen wir Orks und können ein paar Pfeile auf sie schießen!«

Begeistert schlossen sich die meisten Mädchen und Jungen an. Siggi, Brünhild und Filas nutzten den Moment, um sich unbemerkt zurückzuziehen.

»Wenn Arden rausgefunden hat, wo das Grimorium ist, holt er es bestimmt jetzt, da alle abgelenkt sind«, meinte Siggi.

»Er ist gerade im Westflügel verschwunden«, meldete Filas, der Arden nicht aus seinen scharfen Elfenaugen gelassen hatte.

»Dann schnell hinterher«, sagte Brünhild. »Er darf uns nicht entwischen.«

Als sie den Westflügel betraten, mussten sie sich jedoch entscheiden, ob sie ins Obergeschoss mit den Unterkünften der Lehrerinnen und Lehrer hinaufstiegen oder sich ins verlassene Untergeschoss begaben.

Filas spähte in den Gang hinein, der vom Treppenhaus in das Untergeschoss führte. »Da hinten an der Ecke sehe ich noch einen Fackelschein. Das könnte Arden sein!«

Im Licht von Filas' Mondstein schlichen die drei Freunde also durch das gruselige Untergeschoss. Siggi musste sich sehr anstrengen, um nicht wieder umzudrehen. Draußen waren wilde Orks, und hier drinnen jagten sie einem Schurken hinterher, der ein dämonisches Zauberbuch suchte. Er hätte sich jetzt so gerne in seinem Zimmer unter der Bettdecke versteckt – oder noch besser: unterm Bett! Aber er konnte Filas und Brünhild einfach nicht im Stich lassen.

»So ein Lindwurm-Mist!«, rief Filas und bremste vor Brünhild und Siggi ab. »Ich sehe das Fackellicht nicht mehr. Und hier gibt es gleich vier Gänge, die er genommen haben könnte!«

RÄTSEL 15

WELCHEN GANG MUSS ARDEN GENOMMEN HABEN?

ARDEN HAT DIESEN GANG GENOMMEN: _____

16. Auf frischer Tat ertappt

Nachdem die Freunde die vier Durchgänge genau in Augenschein genommen hatten, waren sie sicher: Arden musste den zweiten genommen haben. Denn die Spinnweben im ersten sahen völlig unberührt aus, am dritten hätte er wegen der Wasserpfütze davor nasse Spuren hinterlassen, und im vierten Durchgang schlief eine Eidechse, die er mit Sicherheit aufgeschreckt hätte.

»Also hier lang!« Brünhild führte das Trio im milden Licht von Filas' Mondstein in den zweiten Gang hinein.

Als sie eine alte Ritterrüstung passierten, blieb die Heldenschülerin stehen.

»Was ist?«, wollte Filas wissen.

»Wir haben unsere Waffen nicht dabei«, erklärte Brünhild und zerrte das rostige Schwert heraus, das im Metallhandschuh der Rüstung steckte. »Das ist besser als nichts.«

Als der Gang einen scharfen Knick machte, blieben die drei an der Ecke stehen und lugten herum.

Ein paar Meter weiter stand Arden mit seiner Fackel. Er hatte ihnen den Rücken zugewandt und schien selbst an einer weiteren Abzweigung zu stehen und zu warten. Oder beobachtete auch er jemanden?

»Leuchte nicht so mit dem Mondstein in den Gang rein, Filas«, wisperte Siggi warnend. »Sonst merkt er noch was. Kannst du den nicht ausmachen?«

»Moment«, murmelte Filas und drückte hektisch am Mondstein herum. Doch anstatt zu verlöschen, purzelte der rundliche Stein aus seinen Händen. Laut schlug er auf dem Boden auf und kullerte ein Stück vorwärts in den Gang hinein – immer noch leuchtend.

Filas hockte sich hin und streckte den Arm nach dem Mondstein aus. Doch das reichte nicht. Er musste auf dem Bauch ein Stück in den Gang hineinrutschen, um ihn endlich zu fassen zu bekommen. Aber in diesem Moment drehte sich Arden um.

»Wer da?«

Überraschend schnell zog der alte Krieger sein Schwert und eilte auf die Ecke zu, hinter der sich die Freunde verborgen hielten.

Während Brünhild und Siggi noch Filas mit dem Mondstein auf die Beine hochzogen, stand Arden bereits vor ihnen.

Er starrte die drei Heldenschüler im Licht seiner Fackel an.

»Was ... macht ihr hier?! Ich habe gesagt, dass ich eure Hilfe nicht brauche.«

»Eigentlich wollten wir in die Bibliothek«, behauptete Filas. »Aber dann sind wir wohl im falschen Gebäude und auch noch im falschen Stockwerk gelandet.« Der Elf schüttelte den Kopf. »An manchen Tagen geht auch alles schief.«

Arden richtete sein Schwert auf den Elfen.

»Lüg mich nicht an!«

Brünhild trat vor Filas, ihr aufgesammeltes Schwert zur Verteidigung bereit. »Mit Lügen kennst du dich ganz gut aus, was?«, sagte sie grimmig. Siggi hielt das für keine gute Idee, aber es war zu spät, um Brünhild zu stoppen. »Wir wissen, dass du nicht einfach hier bist, um zu unterrichten«, fuhr Brünhild fort. »Du bist der Verbündete der Schurken, die etwas Übles für Burg Tollkühn planen, und wurdest hier eingeschleust. Und du willst das Grimorium finden, nicht wahr?«

Arden sah sie verblüfft an.

»Wie könnt ihr das alles wissen?«

»Wir ... haben unsere hochgeheimen Quellen«, erklärte Siggi zögernd.

Arden lachte freudlos auf. »Und ihr denkt wirklich, dass *ich* hier der Schurke bin?«

»Wer denn sonst?«, tönte Filas. »Etwa Fafnir, unser Tatzelwurm?«

Arden schüttelte den Kopf. »Nein, ich bin hier, um Burg Tollkühn zu beschützen. Und ich glaube, ich bin diesem eingeschleusten Verbündeten der Schurken auf der Spur.«

»Und wer soll das sein, wenn nicht du?«, wollte Brünhild misstrauisch wissen.

»Raufell«, sagte Arden.

»Grimmas Wolfshund?«, entfuhr es Brünhild ungläubig.

Filas verdrehte die Augen. »Das ist jetzt aber eine wirklich schlechte Lüge. Ich dachte, Schurken könnten das besser.«

»Ich bin mir sicher, dass etwas mit Raufell nicht stimmt«, beteuerte Arden. »Deswegen bin ich ihm heute bereits in den Wald gefolgt, aber habe ihn dort verloren. Ist euch denn nichts Verdächtiges an ihm aufgefallen?«

Siggi, der sich die ganze Zeit hinter Brünhild versteckt gehalten hatte, wurde stutzig. Jetzt, wo Arden das sagte, erinnerte er sich, dass ihm bereits merkwürdige Dinge an Raufell aufgefallen waren. Aber danach war so viel passiert, dass er es wieder vergessen hatte. Was war das nur alles gewesen?

RÄTSEL 16 ⚔⚔

KANNST DU FÜNF DEUTLICHE UNTERSCHIEDE
ZWISCHEN RAUFELL UND EINEM NORMALEN
WOLFSHUND ENTDECKEN? KREISE SIE EIN.

17. Raufells Geheimnis

A rden hat Recht«, stieß Siggi hervor. »Mit Raufell stimmt etwas ganz und gar nicht. Er ist gar kein Wolfshund!«

Brünhild und Filas sahen Siggi so fassungslos an, als ob er gerade behauptet hätte, dass er gerne mit Werwölfen Kunststücke aufführen würde.

»Wie kommst du darauf?«, wollte Brünhild wissen.

Siggi zählte schnell all die Details auf, die ihm aufgefallen waren. »Ich hatte in den letzten Tagen nur nie die Zeit, in Ruhe darüber nachzudenken. Sonst wäre ich vielleicht vorher drauf gekommen. Rauffell hat einen Ohrring, trägt eine Kette um den Hals, und eine Strähne im Fell ist geflochten. Das mag noch nicht allzu merkwürdig sein, doch seine Daumenkrallen an den Vorderfüßen kamen mir sehr menschlich vor, und seine Fußabdrücke sind eindeutig nicht die eines Wolfs.«

»Und nun ist er hier, im Untergeschoss«, sagte Arden. »Ich bin ihm gefolgt. Denn ich hatte befürchtet, dass er die Chance nutzt, wenn alle Lehrkräfte außer mir fort sind.«

»Aber für *was* nutzt?«, grübelte Brünhild. »Um das Grimorium aus seinem Versteck zu holen?«

Siggi bekam auf einmal ganz weiche Knie. Ihm schwante Übles. »Erinnert ihr euch, dass wir Raufell hier unten gesehen haben, als wir auf der Suche nach dem Ausfalltor waren?«

»Ausfalltor?«, wiederholte Arden überrascht.

»Ja, es gibt hier einen verborgenen Ein- und Ausgang«, erklärte Siggi. »Und ich befürchte, dass Raufell jetzt dort ist, um ihn zu öffnen – für die übrigen Schurken! Die, mit denen er verbündet ist!«

»Wo ist dieses Tor?«, rief Arden aufgebracht.

»Nicht weit von hier, kommt!« Brünhild rannte los. Zum Glück war ihr Orientierungssinn so gut, dass sie den Weg nun auch ohne die Karte der Burg fand.

Kurze Zeit später bogen sie in einen Gang ein, in dem eine Gestalt zu sehen war.

»Da läuft Raufell!«, rief Filas.

Der Wolfshund drehte sich zu ihnen um. Dann begann er zu rennen.

»Hinterher!« Arden und die drei Heldenschüler wetzten los. Aber Raufell hatte viel Vorsprung und war bereits am fernen Ende des Ganges angekommen, wo das verriegelte Ausfalltor wartete. Und dann ging eine seltsame Verwandlung vor sich: Während das Fell des Wolfshunds plötzlich zurückging, verformten sich seine Pfoten, sein Kopf, ja, sein ganzer Körper! Auf einmal waren Hände und Füße zu sehen und ein menschenähnlicher Kopf!

Wo eben noch Raufell gehockt hatte, befand sich nun ein nicht sehr großer, drahtiger Kerl mit leicht spitzen Ohren.

»Das ist ein Tierwandler«, erkannte Arden.

Siggi wusste sofort, wovon der alte Held sprach. Sie hatten Tierwandler im Unterricht durchgenommen. Es handelte sich um ein kleines Volk menschenähnlicher Wesen, die die Gestalten verschiedener Tiere annehmen konnten. Dabei konnten sie jedoch nur zu einem Tier werden, das ungefähr dieselbe Größe hatte. Also nicht zu einem gigantischen Drachen oder einer winzigen Maus.

Sobald die schnelle Verwandlung abgeschlossen war, sprang der Tierwandler auf und rannte zum Ausfalltor. Dort begann er, die schweren Riegel zurückzuschieben.

»Wir müssen ihn aufhalten!«, rief Brünhild, während sie mit dem rostigen Schwert in der Hand vorwärts hechtete.

Doch sie kamen zu spät. Bevor Arden und Brünhild den Tierwandler erreichten, waren alle Riegel geöffnet, und die Tür flog auf. Schnell drängten sich mehrere Gestalten von außen in den Gang. Es waren Männer und Frauen in dunklen Lederrüstungen.

Arden hob sein Schwert. »Attacke – für Burg Tollkühn!«

Schon stürzte er sich auf den ersten Eindringling und schlug ihm blitzschnell die Axt aus der Hand.

Auf einmal rief eine Frauenstimme etwas, das Siggi nicht verstehen konnte. Aber der Ton bereitete ihm eine Gänsehaut.

Ein violetter Lichtblitz zuckte vom Ausfalltor her durch den Gang, vorbei an den dunkelgerüsteten Eindringlingen, und traf Arden mitten in die Brust. Der alte Held wurde von den Beinen gefegt und ging rücklings zu Boden, wo er benommen liegenblieb.

Eine Frau in einer schwarz-violetten Magierrobe betrat durch das Ausfalltor die Burg. Sie hatte langes dunkles Haar, in dem sich einige leuchtend grüne Strähnen befanden. Ihre schwarzgeschminkten Lippen formten ein spöttisches Lächeln. »Ein klappriger Ex-Held und drei Kinder. Ein Empfangskomitee, wie ich es mir nicht besser wünschen könnte.«

Das schien Brünhild, die ihr Schwert wild hin und her schwang, um die vordersten Eindringlinge auf Abstand zu halten, nur noch mehr anzuspornen. Aber gegen den hünenhaften Kerl, der mit einem gezackten Breitschwert auf sie zustürmte, hatte sie keine Chance. Schon flog ihr rostiges Schwert scheppernd zu Boden. Der riesige Kerl richtete sein Breitschwert auf die Heldenschülerin.

Siggi war die ganze Zeit vor Furcht wie erstarrt gewesen. Es war einfach alles so schnell gegangen! Jetzt kam er wieder zu sich und zerrte an Filas' Arm.

»Wir müssen Hilfe holen! Los!«

»Aber wir können doch Brünhild nicht hierlassen«, protestierte Filas.

Und dann war es zu spät, um zu fliehen. Die Schwarzgerüsteten hatten auch die beiden Heldenschüler erreicht und packten sie unsanft am Kragen.

»Seid lieber vorsichtig«, warnte Filas. »Mein Freund Siggi hier hat schon mal unbewaffnet zwei Oger erledigt!«

Das stimmte zwar irgendwie, aber damals hatte Siggi einen Trick angewendet und viel Glück gehabt. Beides schien hier unmöglich.

Die Schurken beeindruckte es eh nicht besonders. Die große Frau, die Filas an seinem Hemd gepackt hatte, schüttelte ihn unsanft.

»Dürfen wir sie einen Kopf kürzer machen, Dolora?«, fragte der Hüne, der Brünhild in Schach hielt. Seine dicke schiefe Nase sah aus, als ob sie schon unzählige Male im Kampf gebrochen worden war.

Die Frau in der Robe, deren Name offenbar *Dolora* war, legte kurz den Kopf schief. »Nein«, sagte sie dann mit einem Lächeln. »Sobald wir das Grimorium haben, habe ich Pläne mit ihnen. Mit allen hier auf der Burg. Ich werde sie mit der Magie dieses Buches zu meinen Dienern machen. Denn was bringt Macht, wenn man niemanden hat, über den man herrscht?«

Der riesige Krieger mit der kampferprobten Nase schien etwas enttäuscht, aber hatte wohl genug Respekt vor Dolora, um ihre Entscheidung zu akzeptieren.

Die Magierin machte eine Geste, als ob sie ein Insekt von ihrer Robe wischte.

»Werft die vier in einen der Kerker. Dann widmen wir uns den übrigen Burgbewohnern.«

Siggi, Brünhild, Filas und Arden wurden in einen dunklen, feuchten Raum unter der Burg gesperrt. Es gab hier keine Fenster, nur ein kleines Loch in der Wand, durch das etwas frische Luft hereinströmte. Und durch die Ritzen der schweren, eisenbeschlagenen Holztür drang nur wenig Fackellicht von draußen.

Zum Glück hatte Filas seinen Mondstein noch, um ihr Gefängnis zumindest ein wenig zu beleuchten. Obwohl Siggi den unheimlichen Raum mit den modrigen Wänden lieber nicht bei Licht sehen wollte.

Arden hatte sich inzwischen etwas von Doloras Zauber, der ihn von den Beinen gehauen hatte, erholt. Aber sein Kampfgeist schien erloschen zu sein. Er hockte mit finsterer Miene gegen die Wand gelehnt da und schwieg.

Siggi räusperte sich.

»Warum genau bist du nach Burg Tollkühn gekommen, Arden?«, fragte er mit leiser Stimme.

Arden gab ein schlechtgelauntes Grunzen von sich. Doch dann begann er zu sprechen: »Meine Mission hier hat eine Vorgeschichte. Ich war einst ein Held – und kein schlechter! Habe einige Heldentaten vollbracht und viel Ruhm und nicht wenig Gold dafür kassiert. Aber vor einer Weile ging eine große Heldenmission, die ich angeführt habe, völlig schief.« Arden verstummte, als ob er lieber doch nicht weitererzählen wollte.

»Was ist passiert?«, bohrte Filas nach.

Arden seufzte. »Eigentlich wollten wir Harfenberg, eine große und reiche Stadt im Süden, vor den Orks retten. Die hatten alle Bewohner vertrieben und sich dort festgesetzt. Aber bei unserem Versuch, diese Brut loszuwerden, wurde die Stadt durch einen fehlgeschlagenen Zauber mit einem magischen Handschuh, den ich nicht so gut beherrschte wie gedacht, vom Erdboden verschluckt! Die komplette Stadt! Die Bewohnerinnen und Bewohner waren zum Glück bereits vorher geflüchtet. Aber nun kehrten sie zurück, und von ihren Heimen und all ihrem Besitz war nichts mehr da. Mein Ruf als Held ist dadurch völlig den Bach runtergegangen. Ich galt als der *Zerstörer von Harfenberg*. Niemand wollte mehr meine Hilfe!

Ich brauchte dringend eine spektakuläre Heldentat, um alles wieder ins Lot zu bringen. Durch ein paar Kontakte erfuhr ich, dass die Schwarzmagierin Dolora und ihre Bande von Söldnern eine üble Sache auf Burg Tollkühn planten. Ich konnte jedoch nicht in Erfahrung bringen, was genau. Daher fasste ich den Entschluss, mich als Lehrer an der Heldenschule zu bewerben. Gudrun kannte mich von früher und war so freundlich, mich gleich einzustellen. Vielleicht auch aus Mitleid. Hier vor Ort wollte ich dann den Plan von Dolora und ihren Schergen enthüllen und sogleich verhindern.«

Brünhild unterbrach den alten Helden: »Aber warum hast du Gudrun und den anderen Lehrern nicht einfach berichtet, was du wusstest? Dann wären alle auf der Hut gewesen.«

Arden verzog sein Gesicht, als ob er Schmerzen hätte. »Weil ich ganz alleine eine Heldentat vollbringen wollte. *Arden Frostklinge* sollte der Retter von Burg Tollkühn sein, ohne die Hilfe anderer. Schließlich sind viele von euch Schülern hier die Kinder bedeutender Helden. Wenn ich euch und eure Schule im Alleingang rettete, so dachte ich, würde ich wieder in die erste Helden-Liga aufsteigen.«

Arden ließ den Kopf hängen.

»Und nun ist auch das schiefgegangen.«

Stille breitete sich im Kerker aus. Nicht mal der redefreudige Filas wollte etwas sagen.

Bis Siggi sich mit leiser Stimme zu Wort meldete. »Ist es nicht«, sagte er.

»Was?«, brummte Arden verständnislos.

»Deine Mission, Burg Tollkühn zu retten, ist noch nicht völlig schiefgegangen. Wir können Dolora stoppen. Schließlich hat sie das Grimorium noch nicht. Wir müssen nur einen Weg hier rausfinden.«

Arden starrte Siggi für einen Moment an. Dann lachte er leise und heiser. »Jetzt muss ich mir schon von einem Dreikäsehoch wie dir sagen lassen, dass ein Held niemals aufgibt.« Er stand stöhnend auf und reckte sich. »Aber du hast Recht. Schauen wir, ob wir einen Weg aus diesem Loch finden.«

Unter Ardens Anweisung leuchtete Filas die Tür und die

Wände des Kerkers nach Schwachstellen ab. Zugleich berichteten die Heldenschüler, was sie über das Grimorium wussten. Und sie entschuldigten sich dafür, dass sie Arden das Wahrheitselixier ins Essen gemischt hatten.

Als Arden das hörte, guckte er erstaunt. Dann lachte er laut auf. »Das war es also! Ich wusste doch, dass etwas mit mir nicht stimmt und ich nicht auf einmal so tatterig bin, dass ich aus Versehen meine Geheimnisse ausplaudere.« Während der alte Held in einer Ecke des Verlieses die Wand abtastete, fuhr er fort: »Also wisst ihr das Wichtigste über das Grimorium bereits. Wenn Dolora dieses Buch in die Finger bekommt, dann gute Nacht. Mit dem Grimorium würde sie so mächtig, dass es eine ganze Armee von Helden braucht, um sie zu stoppen.«

»Filas, leuchte mal hierhin«, bat Brünhild. Im Licht des Mondsteins wies sie auf einen der dicken Mauersteine. »Hier scheint etwas eingeritzt zu sein. Es sieht aus wie ein Muster oder ein Ornament.« Brünhild legte ihre Hand prüfend auf den markierten Stein – und machte große Augen, als sie ihn ein Stück eindrücken konnte. »Der Stein bewegt sich! Nicht viel, aber er gibt ein Stück nach.«

Ihr Versuch, den Stein komplett nach hinten zu schieben oder nach vorne rauszuziehen, blieb jedoch erfolglos. Er ließ sich auch mit viel Kraft nur ein kleines Stück in die Wand drücken.

»Da ist noch ein Muster«, stellte Siggi fest und wies auf einen anderen Stein. Es war nicht tief eingeritzt und leicht zu übersehen. Auch dieser Stein ließ sich eindrücken.

Insgesamt fanden die Heldenschüler und Arden fünf verschiedene Muster, die in Mauersteine geritzt waren, die sich alle eindrücken ließen. Nachdem Arden auch den letzten Stein in die Wand gedrückt hatte, machte es vernehmlich KLICK – und dann schoben sich alle Steine wieder nach vorne in ihre ursprüngliche Position.

»Was soll das nur bedeuten?«, rätselte Filas.

»Das könnte ein geheimer Mechanismus sein, der uns hier raushilft«, überlegte Arden. »Die Frage ist nur, wie er funktioniert.«

»Wieso baut denn jemand eine Fluchtmöglichkeit in einen Kerker?«, wunderte sich Brünhild, während sie die Steine in unterschiedlicher Reihenfolge drückte. »Wer hier landet, soll doch auch hier bleiben.«

»Nicht unbedingt! Burg Tollkühn war vor langer Zeit mal eine Schurkenburg«, erinnerte sich Siggi. Das hatten sie in ihrem Abenteuer mit Jago und dem gestohlenen magischen Ring seiner Vorfahrin herausgefunden. »Damals herrschte der Schwarzmagier Fungus hier, und vielleicht hat der für den Fall vorgesorgt, dass seine Festung erobert wird und er dann in seinem eigenen Kerker landet.«

Filas pfiff schrill zwischen den Zähnen durch. »Ganz schön genial, der alte Fungus. Falls man so etwas über einen Schurken sagen darf.« Der Elf stutzte. »Wo du gerade von Jago sprichst: Ich glaub, ich hab diese Muster hier schon mal gesehen ...«

»Wo denn?«, fragten Siggi und Brünhild gleichzeitig.

»In Jagos Brief«, erklärte Filas.

Aufgeregt zog Siggi das Pergament aus seiner Tasche. Waren diese Ornamente etwa allgemein unter Schurken bekannt? Und wurden sie immer auf die gleiche Art verwendet?

18. Der größte Schurke aller Zeiten

Die Anzahl der Ornamente auf dem Brief ... das könnte die Reihenfolge sein, in der wir die markierten Steine drücken müssen«, mutmaßte Siggi.

»Also, der Stein mit dem Ornament, das es im Brief nur einmal gibt, wird als Erstes gedrückt?«, wollte Brünhild wissen.

Siggi nickte. »Das ist der rechts unten!«

Gespannt begannen die Freunde die restlichen vier Steine in der Reihenfolge zu drücken, die Siggi aus Jagos Brief herauslas: Der zweite Stein befand sich oben rechts. Als Nächstes war der Stein unten links an der Reihe, dann der oben in der Mitte und zum Schluss der Stein links daneben.

Nachdem Filas den fünften und letzten Stein gedrückt hatte, hielten alle den Atem an. Es rumpelte in der Wand, dann folgte ein Geräusch, das wie das angestrengte Ächzen eines uralten Wesens klang – und schließlich bewegten sich mehrere Steine beiseite. Vor ihnen tat sich eine Öffnung auf, aus der ein wenig fernes Fackellicht hereinschien.

»Die Öffnung führt in einen Seitengang«, raunte Arden und legte einen Finger an den Mund. Vorsichtig steckte der alte

Krieger den Kopf raus. Dann gab er den Heldenschülern ein Zeichen, ihm zu folgen. Brünhild war schon draußen, als Filas mitten im Durchgang stehen blieb.

»Was ist denn los?«, fragte Siggi.

Filas leuchtete mit dem Mondstein nah an die Innenwand des Durchgangs. »Schau nur, was da in den Stein geritzt steht!«

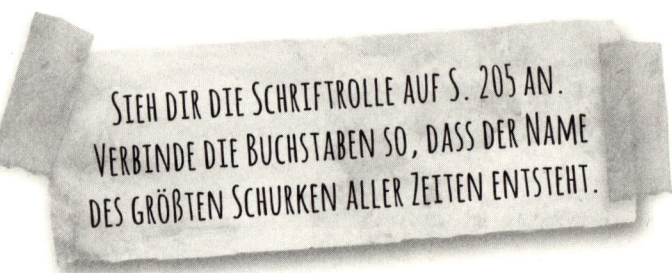

SIEH DIR DIE SCHRIFTROLLE AUF S. 205 AN.
VERBINDE DIE BUCHSTABEN SO, DASS DER NAME
DES GRÖSSTEN SCHURKEN ALLER ZEITEN ENTSTEHT.

Ich, Serbik, bin der größte Schurke aller Zeiten, las Siggi lautlos. Offenbar war schon mal jemand durch diesen geheimen Ausgang entkommen.

»Oha, der größte Schurke aller Zeiten war also auch schon mal hier«, sagte der Elf fasziniert.

»Na ja«, gab Siggi zu bedenken. »Wäre dieser Serbik wirklich der größte Schurke aller Zeiten gewesen, hätten wir bestimmt schon mal von ihm gehört.«

Filas kicherte. »Mag sein. Oder er war der größte Schurke aller Zeiten und hat das vor der Welt geheim gehalten.«

»Wo bleibt ihr denn?«, zischte Brünhild von draußen.

Siggi und Filas huschten hinterher in den Gang. An dessen Ende ging ein größerer Gang ab, in dem Fackeln brannten.

Doch bevor sie die Abzweigung erreicht hatten, ertönten Rufe hinter ihnen: »Die Gefangenen! Sie hauen ab!«

Siggi sah über die Schulter und erkannte mindestens zwei der schwarzgerüsteten Krieger, die ihnen nun nachjagten. Jetzt begannen auch Arden und die Heldenschüler zu rennen. Kurz bevor sie die Abzweigung erreicht hatten, tauchte jedoch ein weiterer Schurke vor ihnen auf und verstellte ihnen den Weg.

Das war's, dachte Siggi.

Aber er hatte nicht mit Arden Frostklinges wiedererwachtem Kampfgeist gerechnet. Mit Gebrüll stürmte der alte Held auf den Krieger zu, der eilig versuchte, sein Schwert aus der Scheide zu ziehen. Arden rammte ihn mit voller Wucht, und zusammen gingen beide zu Boden.

»Lauft weiter!«, rief Arden, während er den Schurken am Boden hielt. »Findet das Grimorium und zerstört es, bevor Dolora es in die Finger kriegt!«

Siggi musste das nicht zweimal gesagt bekommen. Er wollte keinesfalls warten, bis die anderen Schurken hier waren. Brünhild zögerte einen Moment, aber dann sah auch sie ein, dass sie unbewaffnet nichts gegen diese Krieger machen konnten. Schnell bogen die drei Freunde um die Ecke, wo glücklicherweise nicht noch mehr Schurken warteten.

Dank Brünhilds scharfem Orientierungssinn fanden sie schnell den richtigen Weg zum Ausgang. Vorsichtig linsten sie schließlich aus dem Eingangsportal in den Burghof hinaus. Mittlerweile war es recht dunkel geworden, aber der Halbmond und ein paar Fackeln erhellten die Umgebung ausreichend. Der

Burghof vor dem Portal des Westflügels lag gespenstig still vor ihnen, niemand war zu sehen.

»Wo stecken nur alle?«, wunderte sich Filas.

»Die anderen Heldenschüler und die Dienstboten sind sicherlich auch irgendwo eingesperrt worden«, vermutete Brünhild. »Und Dolora ist mit ihren Leuten bestimmt auf der Suche nach dem Grimorium.«

»Da kommt jemand«, warnte Siggi.

Zwei Schurken waren aus dem Schatten nahe der Burgmauer getreten und marschierten am Westflügel vorbei. Die Freunde wichen in den Eingang zurück, um nicht gesehen zu werden.

»Das sind Wachen«, flüsterte Brünhild. »Es wird schwierig, nach dem Grimorium zu suchen, wenn sich überall Schurken rumtreiben. Wie viele es wohl sind?«

»Ich habe vorhin an der Ausfallpforte mindestens ein Dutzend gesehen«, erinnerte sich Siggi. »Vielleicht fünfzehn?«

»Zum Glück habt ihr einen elfischen Experten im Anschleichen und Tarnen dabei«, meinte Filas. »Ich bringe euch an allen Wachen vorbei, als ob wir unsichtbar wären.«

Siggi seufzte. Was das Schleichen anging, war Filas vermutlich der lauteste und ungeschickteste Elf in den achteinhalb Königreichen. Aber was hatte Filas da noch gesagt?

»Unsichtbar ...«, murmelte Siggi. »Alchemir hat mal einen Unsichtbarkeitstrank gebraut. Wisst ihr noch, den hat Jago damals verwendet. Er hat nicht richtig zuverlässig gewirkt, zwischendurch war er immer wieder zu sehen gewesen. Aber vielleicht ist das besser als nichts.«

»Bei Nacht könnte es sogar reichen«, überlegte Brünhild.

»Dann holen wir uns das Unsichtbarkeits-Gesöff«, sagte Filas so laut, dass Siggi und Brünhild beide erschrocken den Finger an den Mund legten und eindringlich »Pssst!« machten.

Die drei Freunde bewältigten den Weg zu Alchemirs Turm, ohne dass sie von den Schurken entdeckt wurden. Sie hatten im Licht des Mondes noch zwei von ihnen ausgemacht, die auf dem Wehrgang oben auf der Burgmauer zum Glück mit den Rücken zu ihnen standen.

Der Turm war nicht abgeschlossen und im Inneren komplett verlassen, sodass sie problemlos in Alchemirs Labor gelangten.

Im Schein von Filas' Mondstein und dem echten Mondlicht, das durchs Fenster drang, suchten sie die Regale nach einer Flasche mit Unsichtbarkeitstrank ab.

»Hoffentlich hat Alchemir das Etikett der Flasche beschriftet«, meinte Siggi. Aber nachdem sie so gut wie jede der vielen Flaschen unter die Lupe genommen hatten, waren sie immer noch nicht fündig geworden.

»Was passiert eigentlich, wenn ein Unsichtbarkeitstrank ausläuft?«, wollte Filas wissen. Die Frage kam nicht von ungefähr, denn da Alchemir nicht der Geschickteste war, befanden sich um viele Flaschen herum halb eingetrocknete, klebrige, leuchtende oder stinkende Pfützen.

Das brachte Siggi auf eine Idee. »Was ist, wenn die Flasche von außen unsichtbar geworden ist?«

RÄTSEL 18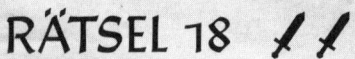

SIEH DIR DAS BILD GENAU AN.
WO KÖNNTE DER UNSICHTBARE UNSICHT-
BARKEITSTRANK ZU FINDEN SEIN?

19. Unsichtbare Helden

Ich hab sie!«, verkündete Filas triumphierend. Er hatte die unsichtbare Flasche auf dem obersten Regalbrett entdeckt, an der nämlich ein Buch lehnte. Und durch die brennende Kerze war ein Schatten zu erkennen.

»Lass mich die lieber holen«, sagte Brünhild schnell, aus Angst, Filas könnte noch mehr von dem Trank verschütten.

Es sah wirklich seltsam aus, wie Brünhild ihre Hände um »Luft« legte und zugleich etwas in ihnen zu halten schien. »Dann runter mit dem Zeug, hoffentlich schmeckt es nicht allzu übel.« Sie entkorkte die Flasche und haute sich den unsichtbaren Flaschenhals erst einmal gegen die Nase. Beim zweiten Versuch traf sie ihren Mund und nahm einen Schluck. »Schmeckt wie abgestandener Kräutertee. Hoffentlich wirkt der Trank überhaupt noch. Haben die ein Verfallsdatum?« Sie reichte die unsichtbare Flasche vorsichtig an Filas weiter, der sie gespannt in Richtung Mund führte. »Bitte pass damit auf.«

»Ups«, machte Filas und guckte betroffen, als auf seinem Hemdkragen wie von Zauberhand Flecken auftauchten. »Ich glaube, ich habe was verschüttet.«

»Jetzt mach langsam damit, sonst ist nichts mehr für Siggi übrig«, herrschte Brünhild ihn an.

Nachdem Filas es geschafft hatte, einen Schluck des Elixiers zu nehmen, war Siggi dran. Seine Hände zitterten etwas vor Anspannung, aber auch er schaffte es schließlich, einen Schluck aus der unsichtbaren Flasche zu nehmen.

»Wie lange es wohl dauert, bis er wirkt?«, sagte er und wandte sich zu Brünhild. Aber die war verschwunden.

»Nicht lange«, rief Filas aufgeregt. »Brünhild und alles, was sie bei sich trug, sind schon so durchsichtig wie klare Luft!«

»Wirklich?«, erklang Brünhilds Stimme. »Das ist schwer zu glauben, weil ich meinen Körper noch sehen kann.«

»Sonst wäre es auch wirklich schwer, sich unsichtbar zu bewegen. Man würde doch über seine eigenen Füße stolpern, wenn man die nicht sieht«, vermutete Filas.

»Apropos Füße«, bemerkte Siggi. »Deine sind gerade verschwunden. Und jetzt deine Beine.«

»Ho-Ho! Nehmt euch in Acht vor dem unsichtbaren Phantom-Elfen«, rief Filas vergnügt. »Jetzt hört *und* sieht man mich nicht, wenn ich mich anpirsche!«

Als kurz darauf auch Siggi nicht mehr zu sehen war, war es Zeit für den nächsten Schritt.

»Was machen wir zuerst?«, erkundigte sich Siggi. »Das Grimorium suchen oder schauen, was mit den anderen Heldenschülern ist?«

»Au!«, kam statt einer Antwort von Brünhild. »Wer ist mir auf den Fuß getreten?«

»Entschuldige«, hörte Siggi Filas' Stimme. »Bei allen unsichtbaren Pups-Dämonen, wie soll ich denn hier rumlaufen, wenn ich nicht sehe, wo ihr seid?«

»Bleib am besten einfach stehen«, knurrte Brünhild.

»Psst!«, unterbrach Siggi sie, denn er hatte was gehört. Draußen, im Treppenhaus des Turms. »Da kommt jemand!«

Kurz darauf öffnete sich quietschend die Tür ins Labor. Zu Siggis Entsetzen marschierte Dolora herein und mit ihr der hünenhafte Krieger und eine Kriegerin mit kahlrasiertem Kopf, auf den ineinander verschlungene Symbole tätowiert waren.

»Verflucht!«, schimpfte die Schwarzmagierin. »Ich hatte gehofft, dass ich mit dem Such-Zauber einen Hinweis auf das Versteck des Grimoriums erhalten würde. Aber es muss von einem erfahrenen Zauberkundigen magisch getarnt worden sein.«

»Und nun?«, wollte der Hüne wissen.

»Nun müssen wir die Burg Raum für Raum absuchen – und zwar hiermit.« Sie zog eine Lupe mit einer verschnörkelten silbernen Fassung aus ihrer Robe. »Das ist die magische Lupe, die ich vom Krähenfels-Clan gekauft habe. Mit ihr kann ich auch Tarnzauber durchschauen.«

Siggi hatte ganz still gestanden, um nicht entdeckt zu werden. Aber jetzt begannen seine Beine zu zittern. Wenn Dolora mit der Lupe Zauber durchschauen konnte, dann womöglich auch die Wirkung des magischen Unsichtbarkeitstranks!

Er griff ins Leere neben sich und bekam Filas' – oder war es Brünhilds? – Arm zu packen. »Wir müssen hier raus«, flüsterte er ganz leise.

»Ich gehe vor«, wisperte Brünhild. »Wir sollten uns aneinander festhalten.«

Sehr langsam und vorsichtig bewegten sich die drei Freunde in Richtung Ausgang und hielten sich dabei an den unsichtbaren Händen fest. Ganz vorne Brünhild, danach Filas und schließlich Siggi.

»Wie steht es um die verfluchten Helden-Blagen und die Dienerschaft?«, erkundigte sich Dolora, während sie die Lupe vor sich her durch das Labor bewegte.

»Wir haben sie alle überwältigt und ihnen, wie gewünscht, kein Haar gekrümmt«, sagte die kahlrasierte Schurkin. »Na ja, fast kein Haar«, fügte sie mit einem schiefen Grinsen hinzu.

Der Hüne mit der schief gehauenen Nase gluckste vergnügt. »Sie sind jetzt im Speisesaal eingesperrt. Wenn wir alle an einem Ort haben, sind sie leichter zu bewachen. Warum lassen wir sie noch mal leben?«

»Uff«, machte Filas auf einmal vernehmlich und riss fest an Siggis Hand. Offenbar war der Elfenfreund mal wieder über seine eigenen Füße gestolpert. Siggi und Brünhild schafften es gerade so, ihn auf den Beinen zu halten.

Atemlos blieben die drei stehen. Doch die Schurken hatten nichts gemerkt, weil Dolora mit lauter Stimme erklärte, was sie mit ihren Gefangenen vorhatte.

»Unter den Schülern sind die Kinder von berühmten Heldinnen und Helden. Sie als Geiseln zu haben und mit dem Grimorium zu meinen Sklaven zu machen, ist mehr als Gold wert!«

Die drei Freunde schlichen weiter.

»Und was ist mit den alten Helden, die wir nach Mistelheim gelockt haben?«, wollte der Hüne wissen.

»Die werden mittlerweile herausgefunden haben, dass die Ork-Streitmacht nur ein Illusionszauber ist. Aber sobald sie hierhin zurückkommen, wird sie die magische Barriere, die ich mit Runensteinen um die Burg errichtet habe, eine Weile daran hindern, hereinzukommen. Hoffentlich so lange, bis ich das Grimorium in den Händen halte. Danach sind sie keine Gefahr mehr.« Dolora lachte vergnügt. »Habe ich einmal das Grimorium, kann keiner mehr gegen mich bestehen.«

Als die Freunde durch die geöffnete Tür ins Treppenhaus getreten waren, wagte es Siggi endlich, wieder normal zu atmen. Schnell verließen die drei den Turm und blieben in einer unbewachten Ecke des Burghofs stehen.

»Habt ihr das gehört?! Eine magische Barriere versperrt den Weg in die Burg!«, sprudelte es aufgeregt aus Brünhild hervor.

»Wir sind ja nur unsichtbar und nicht taub«, kommentierte Filas und klang dabei, als ob er grinste.

»Dolora hat etwas von Runensteinen gesagt«, fuhr Brünhild fort. »Also hat sie wahrscheinlich mit ihnen in der Burg einen Bannkreis erschaffen.«

»Woher weißt du denn sowas?«, fragte Filas erstaunt.

»Eigentlich solltest du das auch wissen. Das haben wir erst vor zwei Wochen im Unterricht durchgenommen. Wir müssen nur herausfinden, wo die Runensteine liegen.«

Siggi überlegte. »Vielleicht liegen sie dort, wo die magische Barriere am stärksten sein soll. Also am Burgtor.«

»Gut mitgedacht, Siggi«, lobte Brünhild. »Das gibt eine Eins.«

»Diese Sache zu überleben, wäre mir noch wichtiger als eine gute Note«, murmelte Siggi und tastete nach den unsichtbaren Händen seiner Freunde, damit sie gemeinsam zum Burgtor laufen konnten, ohne sich zu verlieren.

Mit seiner Vermutung hatte Siggi Recht behalten: Direkt vor dem Burgtor lagen acht faustgroße Steine in einem Kreis. Doch daneben standen leider zwei brutal aussehende Schurken und hielten Wache.

»Wie unterbricht man noch mal einen Bannkreis aus Runensteinen? Gab es da nicht eine Regel?«, flüsterte Brünhild.

»Ich glaube, man muss sie in einer ganz bestimmten Reihenfolge aufsammeln«, erinnerte sich Siggi. »Macht man das nicht, kann der Zauber außer Kontrolle geraten, und es könnte zu einer magischen Explosion kommen.«

Gefährliche Dinge, die ihm Angst machten, konnte Siggi sich einfach besonders gut merken.

»Vorsicht, noch mehr Schurken im Anmarsch«, raunte Filas.

Die drei Unsichtbaren wichen zurück, als zwei weitere Schurken in dunklen Lederrüstungen auftauchten. Einer hatte einen langen, geflochtenen Kinnbart, das Gesicht des anderen war mit zahlreichen Narben übersät.

»Alles in Ordnung bei euch?«, erkundigte sich das Narbengesicht bei den beiden Runenstein-Wächtern.

»So weit ja«, meldete eine der Wachen. »Ich würde nur lieber mein schönes scharfes Beil benutzen, als hier blöd rumzustehen.«

»Ach, sei lieber froh, dass wir nicht gegen die alten Helden kämpfen müssen. Die mögen ihre besten Tage hinter sich haben, aber das sind immer noch ganz schön gefährliche Gegner«, meinte der Schurke mit den vielen Narben.

»Wir waren gerade auf dem Wehrgang und haben sie draußen vor der magischen Barriere gesehen«, fügte der mit dem Kinnbart hinzu. »Die waren wütend und wild wie Bergtrolle, die man zu früh aus dem Winterschlaf geweckt hat. Ist besser für uns, dass sie draußen bleiben.«

Der Runenstein-Wächter spuckte auf den Boden. »Ich hab keine Angst vor ein paar altersschwachen Helden von vorgestern.«

»Ich hab Hunger«, mischte sich sein Nebenmann ein. »Wo gibt's hier denn was zu futtern?«

»In der Küche natürlich«, erklärte der Kinnbart. »Die ist im Hauptgebäude da vorne. Aber um reinzukommen, musst du das Losungswort nennen. Schließlich sind da drinnen unsere Gefangenen untergebracht.«

»Und was ist das Losungswort?«

»Äh, das ist …« Unschlüssig sah der Schurke mit dem geflochtenen Kinnbart seinen Partner mit den Narben an. »Weißt du es noch?«

»Warte … ich hab mir eine Eselsbrücke gebaut, um es mir zu merken. Wie war das noch? Die Katze macht ein Geräusch, wenn man sie streichelt. Doch am Ende muss man das »en« streichen. Dazu kommt eine wunderbare Farbart, die hilft, wenn man das »far« weglässt. Dazu ein hübsches Paar, doch statt dem »P« ein »H«. Ja, so war's!«

»Spinnst du? Das ist doch viel komplizierter, als sich ein Losungswort zu merken!«, beschwerte sich der mit dem Kinnbart.

»Ach ja? Aber du hast es vergessen, obwohl es so einfach ist.«

»Ihr seid doch beide nicht ganz bei Trost«, knurrte der hungrige Runenstein-Wächter. »Mit was für Schwachhirnen muss ich hier arbeiten?«

Während die Schurken sich stritten, zog Brünhild ihre beiden Freunde weg, in Richtung des Hauptgebäudes.

»Was war denn jetzt mit den Runensteinen?«, wollte Filas wissen.

»Solange diese Kerle da alle rumstehen, kommen wir kaum unbemerkt an sie ran, nicht mal unsichtbar. Außerdem müssen wir herausfinden, in welcher Reihenfolge wir sie abbauen müssen. Ich weiß nur noch nicht, wie.«

»Wie wäre es, wenn wir unsere Mitschüler fragen?«, schlug Siggi vor.

»Aber die sind doch eingesperrt«, begann Brünhild.

»Nicht mehr, wenn wir sie jetzt befreien ...«, erklärte Siggi. »Wenn wir die anderen Heldenschüler und die Dienstboten da rausholen, können sie außerdem für Ablenkung sorgen. Dann kommen wir hoffentlich ungestört an die Runensteine ran.«

»Ein guter Plan«, frohlockte Brünhild. »Jetzt brauchen wir nur noch das Losungswort. Denn auch unsichtbar kommen wir nicht durch verschlossene Tore. Wie lautete die Eselsbrücke doch gleich?«

RÄTSEL 19

Setze mithilfe der Hinweise das richtige Losungswort zusammen.

Das Geräusch, das eine Katze macht, wenn man sie streichelt, aber ohne „en" am Ende

+

Dazu eine wunderbare Farbart, bei der man das „far" weglässt

+

Dazu ein hübsches Paar, doch statt dem „P" ein „H".

Das Losungswort lautet:

_____

20. Aufstand der Heldenschüler

Kräftig rüttelte Brünhild am verschlossenen Portal des Hauptgebäudes. Jedenfalls glaubte Siggi, dass es Brünhild war und nicht Filas, denn sehen konnte er seine Freunde immer noch nicht. Alchemirs Trank wirkte nun schon überraschend lange und auch ziemlich zuverlässig. Siggi fragte sich, wie lange das wohl noch so bleiben würde.

Jemand hustete hinter dem Tor. Dann krächzte eine gelangweilte Stimme: »Losungswort?«

»Schnurrbarthaar«, brummte Brünhild mit tief verstellter Stimme. Auf der anderen Seite wurde ein Schlüssel umgedreht und ein Riegel aufgeschoben. Dann öffnete sich einer der beiden großen Türflügel.

Die beiden Schurken dahinter glotzten verwirrt in den nächtlichen Burghof. »Hä? Hallo? Ich hab doch gerade wen gehört«, stammelte einer von ihnen. Beide traten nach draußen, um sich nach dem Kumpan umzusehen, dessen Stimme sie glaubten, gehört zu haben.

Diesen Moment nutzten Siggi, Brünhild und Filas, um flink in das Gebäude hineinzuschlüpfen.

154

Die Tür zum Speisesaal war verschlossen. »Wie gut, dass ich vergessen habe, Titanius' Ersatz-Schlüsselbund zurückzubringen«, freute sich Brünhild. Mittlerweile schien ihr das gar nicht mehr peinlich zu sein. Es klimperte, und dann schloss sie mit einem für Siggi unsichtbaren Schlüssel das Schloss auf. Wie von Geisterhand öffnete sich die Tür ein Stück.

Mit einem Kampfschrei kam ihnen Tulga entgegengestürzt. Doch die Zwergin bremste verwirrt ab, als sie niemanden sah, den sie angreifen konnte.

Siggi, der zuletzt hereingekommen war, schloss die Tür hinter sich.

»Bei Großmutters Hackebeil«, ächzte Tulga. »Ich glaube, hier spukt es.«

»Nein, Tulga, wir sind's nur: Brünhild, Siggi und Filas«, ertönte Filas' Stimme neben ihr.

Tulga griff verblüfft schräg hoch in die Luft und bekam etwas zu packen.

»Au, könntest du meine Nase wieder loslassen?!«, näselte Filas empört.

Tulga öffnete ihren Griff, und dann erschien ein breites Grinsen auf ihrem Gesicht. »Ihr drei seid den Schurken entkommen und habt euch unsichtbar gemacht. Gar nicht so schlecht.«

Nun drängten sich auch die anderen Heldenschüler und übrigen Bewohner der Burg neugierig um sie – bis Tulga sie genervt anfuhr: »Haltet etwas Abstand, ja? Wollt ihr unsere unsichtbaren Freunde hier etwa zerquetschen?«

Nachdem alle einen Schritt zurückgetreten waren, übernahm

Brünhild das Wort: »Wie ihr wisst, haben Schurken die Burg besetzt. Ihre Anführerin ist eine Schwarzmagierin namens Dolora. Und unsere Lehrer stehen draußen vor dem Burgtor und kommen wegen einer magischen Barriere nicht rein. Wir wollen diese Barriere ausschalten, aber dazu brauchen wir eure Hilfe.«

»Die kriegt ihr!«, rief der starke Gunnar und schlug mit der Faust kampflustig in seine andere Hand, sodass es klatschte.

»Ihr müsst für Aufruhr und Ablenkung sorgen, sodass die Schurken die Runensteine aus den Augen lassen«, erklärte Brünhild weiter. »Dann können wir die Barriere loswerden und Gudrun und die anderen reinlassen.«

»Noch eine Sache«, mischte sich Siggi ein. »Hat jemand gut im Unterricht aufgepasst und weiß, in welcher Reihenfolge wir die Runensteine einer magischen Barriere abbauen müssen?«

Betretenes Schweigen. Die versammelten Heldenschüler sahen sich peinlich berührt an. In *Magischer Runenkunde* hatten sie offenbar alle gepennt.

Da räusperte sich jemand. Es war Damian, der immer komplett in Schwarz gekleidete Heldenschüler mit der Vorliebe für düstere Geschichten. »Darauf gibt es keine klare Antwort«, erklärte er. »Jede Zusammenstellung von Runensteinen hat ihre eigene Reihenfolge. Ihr erkennt sie, wenn ihr genau hinseht.«

»Was ist das denn für rätselhafter Quatsch?«, erregte sich Tulga.

»Das ist genau das, was Alchemir im Unterricht gesagt hat«, erwiderte Damian beleidigt. »Vielleicht solltest du trotz deiner Angst vor Wasser mal deine Zwergenohren waschen.«

Bevor Tulga auf Damian losging, erhob die unsichtbare Brünhild wieder ihre Stimme. »Wir haben jetzt keine Zeit für Streit! Bitte reißt euch zusammen und sorgt für Ablenkung. Sonst war alles umsonst.«

»Na gut«, brummte Tulga. »Dann lass ich meine Wut halt an den Schurken aus.«

Die beiden Wachen standen nun wieder in der großen Eingangshalle und diskutierten, was sie mit den Schätzen machen würden, die Dolora ihnen versprochen hatte.

Sie hatten ihre Rücken zur Tür des Speisesaals gewandt, schließlich glaubten sie, dass diese fest verschlossen war. So bemerkten sie nicht, wie sich die Tür langsam und leise öffnete und wieder schloss.

Sie waren so sehr in ihr Gespräch über Reichtümer vertieft, dass sie auch nicht bemerkten, wie sich die Axt des einen, die an die Wand gelehnt war, wie von Geisterhand fortbewegte.

Erst, als sich der Schwertgürtel des anderen Schurken geöffnet hatte und samt Scheide und Schwert davonzuschweben schien, wurden sie aufmerksam.

»Dein Schwert ... es fliegt weg!«, rief der eine.

»Angriff!«, brüllte da die unsichtbare Brünhild.

Die Tür zum Speisesaal flog auf, und eine Woge aus Heldenschülern, Knechten, Mägden, dem Koch und der Köchin sowie Schulsekretär Titanius schoss auf die beiden völlig überraschten Schurken zu. Zugleich stahlen ihnen unsichtbare Hände die Helme vom Kopf.

Kurz darauf wurde der eine Schurke von einer von hinten heranfliegenden Vase niedergeschlagen. Dem anderen rammte Tulga ihren dicken Kopf in den Bauch, und dann rangen ihn die Heldenschüler mit ihrer schieren Überzahl zu Boden.

Siggi begab sich derweil zum Portal nach draußen. Die anderen Heldenschüler kamen jetzt ohne sie klar. Außerdem wollte er in dem Getümmel nicht über den Haufen gerannt werden, was schnell passieren konnte, wenn man unsichtbar war.

»Seid ihr auch da?«, fragte er in die Luft neben sich.

»Natürlich«, sagte Brünhild.

»Ich auch«, bestätigte Filas.

Dann konnte der nächste Teil ihres Plans beginnen.

Im Burghof war wegen der dicken Mauern des Hauptgebäudes nichts von dem Tumult im Inneren zu hören. Doch dann öffnete sich laut quietschend das Portal. Gunnar, Tulga, Damian und Isolde traten heraus.

»Die Heldenschule gehört wieder uns!«, brüllte Tulga.

»Lang lebe Burg Tollkühn!!!«, schrie Gunnar.

»Die Gefangenen sind frei. Fangt sie wieder ein!«, rief der narbengesichtige Schurke, der mit seinem Partner mit dem Kinnbart noch immer im Hof patrouillierte. Die beiden rannten auf das Hauptgebäude zu, wo Tulga und die anderen oben auf der Eingangstreppe standen und ihnen Grimassen schnitten. Bevor die Schurken sie erreichten, verschwanden die Heldenschüler jedoch im Inneren des Gebäudes.

Die Schurken auf dem Wehrgang wollten ihren Kumpanen

zu Hilfe kommen. Aber auf einmal wurden sie aus mehreren Fenstern des Hauptgebäudes mit allen möglichen Dingen beschossen und beworfen: Neben ein paar Speeren und Pfeilen flogen auch Trinkbecher, Teller und sogar Kartoffeln auf sie zu, sodass sie in Deckung gehen mussten. Gleichzeitig wurde der Pferdestall geöffnet und die Pferde in den Burghof rausgetrieben.

Die beiden Wächter bei den Runensteinen konnten bei all dem Chaos nicht einfach bleiben, wo sie waren. Also rannten sie ebenfalls auf das Hauptgebäude zu, um den Gefangenenaufstand schnellstmöglich einzudämmen.

»Ich liebe es, wenn ein Plan funktioniert«, freute sich Filas.

»Wer tut das nicht?«, fragte Brünhild kichernd.

Die drei unsichtbaren Freunde hatten in der Nähe des Kreises aus Runensteinen gewartet, bis die Wachen sich verzogen hatten.

»Jetzt gilt es«, sagte Brünhild mit ernster Stimme. »Wir müssen die richtige Reihenfolge herausfinden, in der wir die Steine aus dem Kreis nehmen. Einen Fehler dürfen wir nicht machen, sonst fliegt die Barriere uns und unseren Lehrern draußen um die Ohren.«

Siggi starrte auf die acht mit magischen Runen beschriebenen Steine. Die Runen sagten ihm nicht wirklich etwas. Aber hatte Damian nicht gesagt, man würde ihre Reihenfolge erkennen, wenn man genau hinsah?

RÄTSEL 20

In welcher Reihenfolge müssen die Runensteine aus dem Kreis entfernt werden?

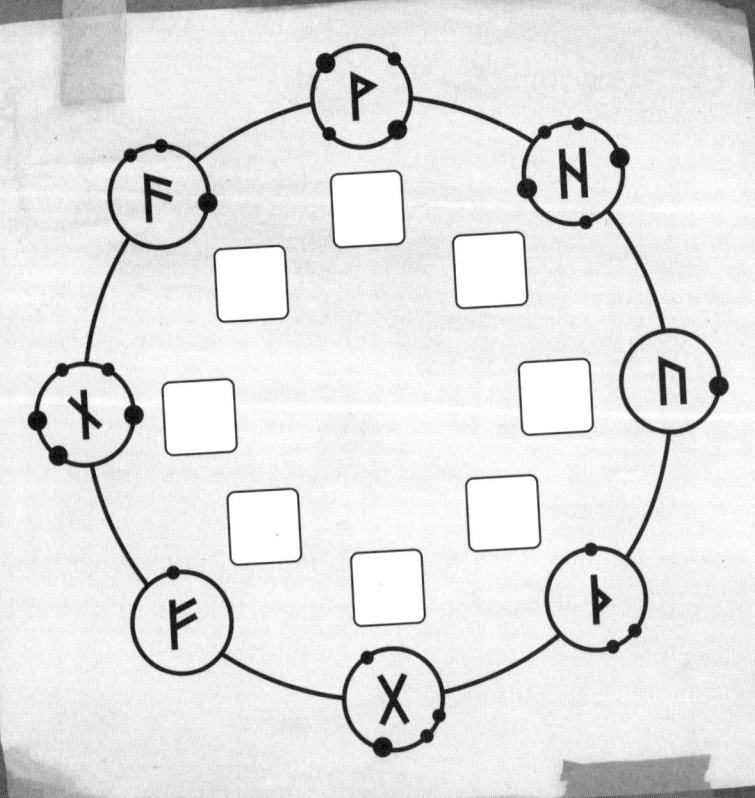

21. Kampf um die Heldenschule

Es sind diese kleinen Markierungen auf den Runensteinen!«, rief Siggi aufgeregt. »Da unten links ist nur dieser kleine Punkt, dort rechts außen ist die Markierung schon größer und darunter sind drei kleine Markierungen.«

»Stimmt, jetzt sehe ich sie auch«, sagte Brünhild. »Aber wie genau zeigt uns das die Reihenfolge für alle acht Steine an?«

Siggi zählte eilig die Markierungen durch. »Wenn ein kleiner Punkt so viel wie *Eins* bedeutet und ein großer *Zwei*, dann passt es, und wir können sie bis Runenstein Acht durchzählen!«

»Hoffentlich hast du Recht«, gab Brünhild zu bedenken. »Wir dürfen uns keinen Fehler leisten.«

Siggi zögerte. So ganz traute er seiner eigenen Lösung nicht. Schließlich wollte er nicht schuld sein, wenn die magische Barriere explodierte.

Doch da bewegte sich der ᚠ-Stein unten links mit der einzelnen kleinen Markierung wie von Geisterhand aus dem Kreis.

»Wer ist das?«, stammelte Siggi. »Filas?!«

»Ja. Wir haben nämlich keine Zeit, und deine Lösung hat mich völlig überzeugt«, hörte er die Stimme des Elfenjungen.

Siggi hielt ängstlich die Luft an. Aber nichts geschah.

»In Ordnung, ich nehme den zweiten Stein raus«, verkündete Brünhild und griff nach dem ᚺ-Stein.

»Und ich den dritten«, sagte Siggi mit belegter Stimme. Aber auch, nachdem er mit zitternder Hand den ᚦ-Stein mit den drei kleinen Markierungen rechts unten entfernt hatte, geschah nichts. Abgesehen von dem Tumult, der noch immer in der Burg herrschte.

»Klappt doch hervorragend. Und jetzt schneller«, rief Filas. Flink räumten sie einen Runenstein nach dem anderen ab: ᚠ, ᚷ, ᚦ, ᚺ, ᛏ. Die einzelnen Steine warfen sie in verschiedene Richtungen in den Burghof, sodass der Kreis nicht so schnell wieder zusammengesetzt werden konnte.

Als Brünhild den letzten Stein aufhob, geschah wirklich etwas. Aber genau das, was die Freunde wollten:

Für einen Moment wurde die magische Barriere sichtbar. Wie eine Glocke lag sie über der kompletten Burg, sodass selbst aus der Luft niemand hätte eindringen können. Doch die schimmernde Barriere zeigte nun Risse, die schnell länger wurden, und dann zersprang sie mit einem Lichtblitz!

»Wir haben's geschafft!«, jubelte Filas. »Ihr könnt es nicht sehen, aber ich tanze einen Freudentanz!«

»Tanz lieber zum Tor!«, rief Brünhild. »Wir müssen es noch öffnen, damit Gudrun und die Lehrerschaft schnell reinkommen.«

In diesem Moment erklang ein schriller Wutschrei, der Siggi das Blut in den Adern gefrieren ließ.

Dolora war mit dem Hünen und der Tätowierten in den Burghof getreten – und die Schwarzmagierin war ganz offensichtlich fuchsteufelswild. Zwei Pferde galoppierten an ihr vorbei, und aus einer oberen Etage des Hauptgebäudes flog ein großer Krug, der dicht neben ihr zerschellte.

»Was ist hier los?! Warum bewacht niemand die Runensteine?!«, schrie Dolora vor Wut schäumend. Dann sah sie in die Richtung, in der Siggi, Brünhild und Filas standen. »Wir müssen das Tor sichern!«

Eilig marschierte die Schwarzmagierin auf das Burgtor zu, und ihre beide Schergen folgten ihr.

»Öffnet das Tor, ich halte sie auf!«, rief Brünhild.

Siggi eilte zum Tor hin und versuchte, den großen Balken, der es verschloss, anzuheben. Von draußen hämmerte etwas – oder jemand – gegen das dicke Holz. Aber Siggi war zu klein und schmächtig, um den schweren Balken aus seiner Halterung zu heben. Erst als Filas auch anpackte, kam der Balken in Bewegung. Gemeinsam lösten sie ihn aus seiner Verankerung und schoben ihn zur Seite.

»Damit ist die Heldenschule auch wieder für Lehrer geöffnet«, sagte Filas und grinste Siggi an.

Moment – Siggi sah, wie Filas ihn angrinste?!

Das hieß ja, dass sie wieder sichtbar waren! Die Wirkung des Tranks hatte aufgehört.

Siggi drehte sich zu Brünhild um, um sie zu warnen. Doch in diesem Augenblick krachte es gewaltig hinter ihm. Siggi spürte nur, wie er gepackt und zur Seite gerissen wurde. Unsanft landete er seitlich des Tors auf dem Boden. Filas lag halb auf ihm. Der Elf hatte ihn gerade noch rechtzeitig zur Seite gestoßen, als das Tor aufgeflogen war.

Brüllend wie eine ganze Horde tollwütiger Panzerhörner stürmte Grimma die Gnadenlose durch das nun offene Tor in den Burghof und schwang dabei ihren riesigen, mit Stacheln gespickten Morgenstern. Hinter ihr folgten Gudrun, Kendra und Jaromir mit erhobenen Schwertern. Dann kam Darx mit seiner breiten Streitaxt und zuletzt Alchemir, dessen Magierstab leuchtete, als ob er einen Blitz mit den Händen gefangen hätte.

Siggi hatte die Lehrerinnen und Lehrer noch nie so wütend gesehen. Ein Schurke, der den Fehler machte, sich Grimma in den Weg zu stellen, flog kurz darauf quer durch den Hof und landete irgendwo im Pferdestall.

In der Mitte des Burghofs bremste die Barbarin jedoch scharf ab. Ein paar Meter von ihr entfernt standen Dolora, der Hüne und die Tätowierte. Der hünenhafte Schurke hielt mit einer Hand Brünhild fest umschlungen, die hilflos über dem Boden baumelte.

»Keinen Schritt näher, oder ich zerquetsche die kleine Möchtegern-Heldin hier«, knurrte der grobe Kerl Grimma entgegen.

Der wütenden Grimma fiel es sichtlich schwer, sich nicht auf ihn zu stürzen. Aber um Brünhild nicht zu gefährden, hielt sie sich zähnefletschend zurück.

Der Hüne grinste fies. »Sehr gut. Und jetzt werden – AAAAAAUUUU!«

»Das ist Fafnir!«, jubelte Filas.

Siggi traute seinen Augen kaum: Der Tatzelwurm war unbemerkt an den Hünen herangewatschelt und hatte herzhaft in dessen Wade gebissen. Der vom Schmerz überraschte Schurke ließ Brünhild fallen und begann wild sein Bein zu schütteln. Aber Fafnir hatte sich festgebissen und ließ einfach nicht locker.

Verzweifelt hob der Hüne sein gezacktes Breitschwert, um nach dem bissigen Tatzelwurm zu schlagen. Doch bevor er dazu kam, hatte Grimma ihn erreicht und holte zum Schlag aus. Der Schurke konnte den wütenden Angriff gerade noch mit seinem Schwert abwehren. Zugleich stürmten Gudrun und Kendra auf Dolora und die kahlrasierte Schurkin zu.

Erleichtert sah Siggi, dass Brünhild die Ablenkung genutzt hatte, um sich zu Filas und ihm in Sicherheit zu bringen.

Glücklich fiel sie ihren Freunden in die Arme, und gemeinsam zogen sie sich dann weg von den wilden Kämpfen in eine Ecke des Burghofs zurück.

»Dass der Unsichtbarkeitstrank aber auch genau dann aufhören musste zu wirken, als ich Dolora ein Bein stellen wollte«, keuchte Brünhild. »Aber es hat sich trotz allem gelohnt. Denn ich habe *das hier* mitgehen lassen!«

Sie zog Doloras magische Lupe aus ihrem Gürtel.

»Wie hast du das denn geschafft?«, wollte Siggi ungläubig wissen.

Brünhild grinste. »Als der große Kerl mich fallen gelassen hat, war Dolora gerade damit beschäftigt, einen Schildzauber zu sprechen, um sich vor Gudruns Schwert zu schützen. Sie hat nicht mal gemerkt, dass ich die Lupe aus ihrem Gürtel gezogen habe.«

»Erst die Schlüssel, jetzt die Lupe. Bist du sicher, dass du nicht lieber Diebin als Heldin werden willst?«, scherzte Filas, worauf Brünhild lautstark protestierte.

Siggi sah sich im Burghof um. Es herrschte wildes Kampfgetümmel, in dem immer wieder magische Blitze und Feuerbälle aufleuchteten, die Dolora und Alchemir abfeuerten. Siggi hätte nie gedacht, Alchemir einmal so grimmig kämpfen zu sehen.

»Das ist unsere Chance, das Grimorium mit der magischen Lupe zu finden«, erkannte er. »Und dann zerstören wir es, damit der ganze Spuk endlich ein Ende hat.«

»Aber wo sollen wir nur anfangen zu suchen?«, fragte Brünhild. »Selbst mit der Lupe brauchen wir ewig, um die ganze Burg abzusuchen.«

»Nicht die ganze Burg«, sagte Siggi lächelnd. »Ich weiß von Wulfrik, dass das Buch in einer der oberen Etagen im Hauptgebäude versteckt ist.«

Mittlerweile hatten sich im Burghof weitere Schurken dem Kampf angeschlossen. Auch der Tierwandler kämpfte wieder in der Gestalt eines Wolfshunds auf ihrer Seite und schnappte mit scharfen Zähnen nach seinen Gegnern. Am gefährlichsten schien jedoch Dolora, die mit zuckenden Blitzen und explodierenden Lichtkugeln nur so um sich warf.

Die Lehrer hingegen hatten Verstärkung von einigen der mutigsten Schülerinnen und Schüler erhalten, die sich in der Waffenkammer ausgerüstet hatten.

Nachdem Siggi, Brünhild und Filas in einem möglichst großen Bogen um den wild wogenden Kampf gelaufen waren, rannten sie die Treppenstufen zum Hauptgebäude hoch, dessen Türflügel nun weit offen standen. Vorsichtig lugten sie in die Eingangshalle, aber von den Schurken war hier keiner mehr zu sehen. Sie hatten ja auch gerade wirklich anderes zu tun.

»Dann mal los, Brünhild, zeig uns, was diese magische Lupe kann!«, sagte Siggi aufgeregt.

RÄTSEL 21 🗡

Schau durch die Lupe. Kannst du das Versteck des Grimoriums finden?

Das Grimorium versteckt sich hier:

_____

22. Das Buch des Bösen

Während draußen immer noch der Kampf tobte, hetzten Brünhild, Siggi und Filas durch Gänge und Räume und durchsuchten sie mit der magischen Lupe. Auf die Schnelle war in den ersten beiden Etagen nichts zu entdecken.

Im dritten Stockwerk blieb Brünhild neben dem Raum »E3« plötzlich stehen und starrte durch das magische Glas.

»Dort! Hinter der Tür ist etwas!«

Neugierig blickten auch Siggi und Filas hindurch. Die Tür schien tatsächlich zu leuchten und zu pulsieren!

»Das ist ja unser Unterrichtsraum für *Heldenkunde* und *Heldengeschichte*«, erkannte Filas verblüfft.

Eilig betraten die drei Heldenschüler den großen Raum, Brünhild ließ die Lupe gespannt über Möbel und Wände wandern. Dann stoppte sie. »Es ist in der Wand! Hinter diesem Mauerstein!«

Filas umfasste den großen Stein, auf den Brünhild zeigte, er zog und drückte – und auf einmal lockerte er sich. Gemeinsam mit Siggi hob Filas ihn aus der Wand.

»Aber dahinter ist nichts«, stellte Siggi fest. »Nur ein leeres Loch in der Wand.«

Brünhild lächelte. »Durch die Lupe sehe ich aber etwas anderes.«

Filas griff in die leere Öffnung und gab ein aufgeregtes Quieken von sich. »Ich fühle was. Etwas Großes! Hilf mir mal, Siggi!«

Gemeinsam zogen der Elf und der Menschenjunge etwas schweres Unsichtbares aus dem Geheimfach, das sich ganz kühl anfühlte.

»Lass es uns schnell auf dem Tisch dort ablegen, Filas«, bat Siggi, dem das unsichtbare Etwas in seinen Händen überhaupt nicht geheuer war.

Nachdem sie das Fundstück abgelegt hatten, wurde es langsam sichtbar: Ein großes und dickes Buch, dessen Deckel mit einem dunklen Material überzogen war, das sich ganz kühl anfühlte.

»Das *Grimorium*«, hauchte Brünhild. »Wir haben es gefunden. Und Alynors Tarnzauber verflüchtigt sich.«

Fasziniert betrachteten sie das dicke Buch. Siggi hielt dabei gebührenden Abstand.

In den schwarzen Einband des Grimoriums waren sonderbare Symbole und fremdartige Kreaturen eingraviert. In der Mitte des Buchdeckels saß ein kunstvolles Pentagramm aus einem silbrig schimmernden Material. Darum herum befanden sich fünf glimmende Edelsteine.

Siggi kam es vor, als ob das Buch lautlos nach ihm rief. *Öffne mich ... und du kannst alles haben, was du willst*, schien es zu sagen. Aber Siggis Angst vor schwarzer Magie war viel stärker als der schmeichelnde Ruf des Grimoriums.

Filas schien es anders zu gehen. Langsam streckte er seine Hand nach dem Buchdeckel aus.

»Filas!«, rief Siggi erschrocken. »Öffne es nicht!«

Der Elfenfreund sah ihn überrascht an. »Äh, wieso nicht? Ich habe das Gefühl, das wäre eine wirklich gute Idee.«

»Denk an Alynors Notizen! Das Grimorium wird von einem Wächterdämon bewacht!«

»Ach ja«, murmelte Filas. »Aber meinst du nicht, wir können es vielleicht nur ein kleines Stückchen öffnen und mal kurz reinlesen?«

»Auf keinen Fall«, beharrte Siggi und zog den Freund am Arm zurück. »Sag doch auch mal was, Brünhild!«

Die Freundin zwinkerte mehrmals und sah Siggi dann erstaunt an, als ob sie mit ihren Gedanken weit weg gewesen wäre.

»Ich hatte auf einmal auch den großen Wunsch, das Buch zu öffnen«, gab sie erschrocken zu. »Das muss die Magie des Grimoriums sein, die ohne Alynors Zauber wieder nach außen dringt. Siggi hat völlig Recht, wir dürfen es nicht öffnen.«

Filas seufzte enttäuscht, aber nickte. »Ihr habt ja Recht. Also zerstören wir dieses grimmige Buch jetzt wie geplant?«

»Ja, so schnell wie möglich«, stimmte Siggi zu. »Bevor Dolora oder sonst wer es in die Hände bekommt.«

»Ich weiß auch, womit! Wartet kurz.« Brünhild lief aus dem Raum. Gleich darauf kam sie zurück und schleppte eine große Streitaxt mit sich. »Die hing draußen als Wandschmuck«, erklärte sie. »Damit hacke ich das Buch in kleine Stücke.«

»Ich weiß nicht, ob das die beste Idee ist«, gab Siggi zu bedenken.

»Hast du eine bessere?«, fragte Brünhild und hob die schwere Axt mit vor Anstrengung zitternden Armen über den Kopf. »Ich dachte, wir müssen uns beeilen. Was ist, wenn Dolora den Kampf gewinnt?«

»Äh ...«, machte Siggi unschlüssig.

Mit einem Schrei ließ Brünhild die Axt auf das Grimorium niedersausen. In dem Moment, als die Klinge der Axt auf das Buch traf, zuckte ein grüner Lichtblitz empor. Die Axt fiel zu Boden, und Brünhild flog quer durch den Raum und krachte gegen einen Tisch.

»Brünhild!« Besorgt rannten Siggi und Filas zu ihrer Freundin.

Brünhild rieb sich benommen den Kopf. »Au, was war das denn? Fühlt sich an, als ob ich mit einem Steingolem zusammengestoßen wäre.«

Vorsichtig halfen ihr die beiden aufzustehen.

»Ist das verflixte Buch wenigstens entzwei?«, wollte Brünhild wissen.

Doch zu ihrer Überraschung lag das Grimorium genauso unberührt da wie zuvor. Die Klinge der Axt hingegen war zerbrochen.

»So viel zum Buch-Hacken«, kommentierte Filas. »Vielleicht sollten wir es in den großen Kamin im Speisesaal werfen.«

»Oder es einfach mir übergeben«, sagte jemand hinter ihnen.

In der offenen Tür stand Dolora. Ihre langen dunklen Haare mit den grünen Strähnen waren völlig zerzaust, und ihre Robe hatte ein paar Löcher und Brandflecken abbekommen. Doch im Gesicht der Schwarzmagierin prangte ein Lächeln. Ein breites, triumphierendes Siegeslächeln.

»Der schwarzmagische Lichtblitz eben hat mir verraten, wo ich suchen muss«, erklärte Dolora. Dann weiteten sich ihre Augen. »Das Grimorium!«, stieß sie andächtig hervor und machte einen Schritt auf das Buch zu. »Endlich. Und ihr kleinen Narren habt es für mich gefunden. Mit *meiner* magischen Lupe, wie ich sehe. Dafür, dass ihr mir die Arbeit erspart habt, lasse ich euch am Leben. Ihr dürft meine ersten Untertanen werden. Die Untertanen von Dolora, der Gott-Königin der achteinhalb Königreiche.«

Filas ballte eine Faust. »Eher die Königin der größenwahnsinnigen Spinner!«, murmelte der Elf.

»Wir müssen sie stoppen!« Obwohl Brünhild noch sichtlich wackelig auf den Beinen war, richtete sie sich auf, um auf die Schwarzmagierin loszugehen.

Dolora hielt einen Zeigefinger hoch, um den violette, magische Energien zuckten. »Versucht es gar nicht erst. Ich habe noch ein paar sehr schmerzhafte Zauber auf Lager.«

Siggi hielt seine Freundin zurück. »Lass sie.«

»Aber −«, protestierte Brünhild.

Siggi sah sie durchdringend an. »Denk an Alynors Botschaft«, wisperte er.

Brünhild verstand und nickte. Unwillkürlich griff sie in ihre Tasche, wo sich das Pergament mit den Notizen des Elfendruiden befand.

Dolora stand nun vor dem Tisch, auf dem das Grimorium lag. Sie strich vorsichtig über den verzierten Einband mit dem Pentagramm darauf. »Mit dir werde ich die achteinhalb Königreiche unterwerfen. Alle werden vor mir niederknien! Fürsten und Königinnen! Ritterinnen und Magier!«

Sie warf Siggi, Brünhild und Filas einen höhnischen Blick zu. »Und ihr drei dürft erleben, wie ich den ersten Spruch aus dem Grimorium einsetze. Aber zuerst unterwerfe ich den Wächterdämon, der in ihm haust. Ich kenne nämlich seinen Namen!«

Mit einem triumphierenden Lachen fasste Dolora nach dem Buchdeckel, um das schwere Buch aufzuschlagen.

Siggi stand der Angstschweiß auf der Stirn. Dolora wusste natürlich von dem Wächterdämon, der im Grimorium lauerte. Jago hatte schließlich gehört, wie sie mit seinen Eltern über ihn gesprochen hatte.

Doch anscheinend wusste Dolora nicht, dass der Namens-Trick bei Custor nicht funktionierte. Der Dämon würde also angreifen, sobald er geweckt worden war. Und dann kam es darauf an, ob Siggi und seine Freunde mithilfe von Alynors Notizen das Muster seiner Attacken richtig vorhersagen konnten!

RÄTSEL 22 ⚔⚔⚔

KANNST DU HERAUSFINDEN, WELCHE FÜNF ANGRIFFE DER WÄCHTER-DÄMON AUSFÜHREN WIRD?

GEHE JETZT ZU S. 205. WENN DU ALLE SCHLÜSSELWÖRTER RICHTIG VERBUNDEN HAST, SOLLTEN DIR DIE ZEICHEN AM RAND DEN WEG ZU S. 206 WEISEN.

23. Custor erwacht

Mit angehaltenem Atem beobachteten die Freunde, wie Dolora das Grimorium aufschlug und dann einen Schritt zurücktrat.

Aus dem geöffneten Buch stieg dunkler Nebel empor, der sich schnell zu einer Gestalt formte. Die große Kreatur, die nun über dem Grimorium schwebte, sah aus, als ob sie Siggis allerschlimmstem Albtraum entsprungen war. Statt Beine hatte der Dämon einen schlangenartigen Unterkörper. Die vier sehnigen Arme darüber endeten in furchtbaren Klauen. Doch am schlimmsten war seine böse verzerrte Monster-Fratze mit den tiefen Augenhöhlen, die bis auf ein rötliches Leuchten leer zu sein schienen. Darüber ragten dicke, gebogene Hörner aus dem Schädel.

»Ui, der gewinnt aber wirklich keinen Schönheitswettbewerb«, hauchte Filas.

Dolora blickte den schrecklichen Dämon selbstbewusst an. »Ich kenne deinen Namen, Custor!«, rief sie lächelnd. »Fortan wirst du mir dienen: Dolora, der neuen Meisterin des Grimoriums.«

Der Wächterdämon sah Dolora einen Augenblick mit seinen glühenden Augenhöhlen an. Dann öffnete er sein Maul und gab einen unglaublich tiefen Laut von sich, der Siggi alle Haare zu Berge stehen ließ.

»Macht euch bereit«, wisperte Brünhild den Freunden zu. Jetzt kam es drauf an! Siggi versuchte mit aller Macht, die Kontrolle über seine schlotternden Beine zurückzugewinnen.

Ohne Vorwarnung ging Custor zum Angriff über.

»Runter!«, rief Brünhild den Freunden zu, denn die erste Attacke des Wächterdämons zielte *hoch*.

Dolora erkannte das zu spät und wurde von dem durch die Luft rasenden Dämon von den Beinen gerissen. Siggi, Filas und Brünhild hatten sich gerade noch rechtzeitig auf den Boden gehockt, bevor Custor mit vier ausgestreckten Klauen über sie hinwegjagte.

Sobald der Dämon einmal quer durch den ganzen Raum geflogen war, drehte er sich um und startete direkt den nächsten Angriff.

»Hoch! Auf die Tische!«, befahl Brünhild. Eilig sprangen die drei Heldenschüler auf die nächstgelegenen Schultische. Schon raste Custor dicht über dem Boden heran und knapp an den Tischbeinen vorbei, denn sein Angriff ging *tief*.

Dolora, die gerade wieder auf die Beine gekommen war, versuchte sich mit einem magischen Schild zu schützen, den sie eilig herbeizauberte. Aber bevor der leuchtende Energieschild komplett war, rammte Custor sie bereits um.

Auch die nächsten Angriffe des Wächterdämons sagte Brün-

hild dank Alynors Notizen richtig voraus: Erst einer von *links*, dann einer von *rechts*. Während die Heldenschüler jedes Mal rechtzeitig zur richtigen Seite auswichen, wurde Dolora beide Male voll erwischt.

»Jetzt greift er in der *Mitte* an«, raunte Brünhild ihren Freunden zu, sodass Dolora sie nicht hören konnte.

Die Schwarzmagierin stand schwankend da und murmelte etwas Unverständliches. Dann glühten ihre Handflächen, und ein Feuerball entstand zwischen ihnen. Mit letzter Kraft schleuderte sie ihn dem heranfliegenden Custor entgegen. Doch der Dämon sauste hindurch, als ob das Feuer nur Luft wäre, und stürzte sich erneut auf die Schwarzmagierin. Nachdem Dolora benommen zu Boden gegangen war, verharrte Custor über ihr. Er schwebte einfach da, als ob er eine Pause machte.

»Das ist der Moment, in dem er kurz abwartet, bevor er die nächste Angriffsrunde beginnt«, erklärte Brünhild leise. »Das ist unsere Chance, ihn zurück ins Buch zu verbannen.« Sie drückte Siggi zu seiner Überraschung Alynors Notizen in die Hand. »Du musst das machen, denn du kannst der Magie des Grimoriums am besten widerstehen.«

»Aber ich −«, begann Siggi, dem tausend Gründe einfielen, warum er trotzdem der Falsche für diese Aufgabe war. Doch Brünhild wartete nicht so lange und fasste Filas am Arm.

»Filas und ich lenken Custor ab, damit er nichts merkt.«

Schon rannten die beiden los − in die andere Hälfte des Raums, weit weg vom Grimorium. Dabei sprangen sie herum und winkten, um Custors Aufmerksamkeit auf sich zu ziehen.

Siggi hatte keine Wahl, wenn er seine Freunde vor dieser obergruseligen Kreatur retten wollte. Geduckt schlich er auf das Grimorium zu. Mit zitternden Händen griff er nach dem schweren Buch und schloss es. Er linste verstohlen zum schwebenden Wächterdämon rüber. Hatte Custor etwas gemerkt?

»He, Custor!«, hörte er Filas' Stimme. »Was machst du eigentlich gerne in deiner Freizeit, wenn du gerade keine Leute vermöbelst? Vielleicht töpfern?«

»Ich glaube, er häkelt gerne«, mischte sich Brünhild ein. Siggis Freunde legten sich ins Zeug, um den Dämon abzulenken, und es schien zu funktionieren. Jedenfalls wandte sich Custor langsam Filas und Brünhild zu, die ihm winkten und Grimassen schnitten.

Siggi starrte auf das Pentagramm auf der Vorderseite des Grimoriums und die fünf Edelsteine, die um es herum angeordnet waren. Laut Alynors Notizen musste er sie in der richtigen Reihenfolge drücken. Wie war die noch mal? Siggi warf einen Blick auf das Pergament in seiner Hand, aber die zitterte so stark, dass er nichts erkennen konnte.

»Reiß dich zusammen, Siggi«, murmelte er.

In diesem Moment gab der Wächterdämon wieder den unglaublich tiefen Laut von sich. Er ging zum Angriff über.

Siggi musste Custor bannen, bevor seinen Freunden etwas geschah!

RÄTSEL 23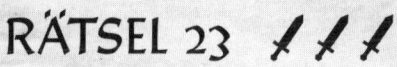

FINDE HERAUS, IN WELCHER REIHENFOLGE SIGGI DIE EDELSTEINE AUF DEM GRIMORIUM DRÜCKEN MUSS, UM DEN WÄCHTERDÄMON ZU BANNEN.

REIHENFOLGE: _____

24. Ardens letztes Rätsel

So schnell Siggi konnte, drückte er die magischen Edelsteine, die leicht unter seiner Hand nachgaben.

Mitte links. Unten rechts. Oben. Unten links. Mitte rechts.

Ein überraschtes Brüllen ertönte. Siggi drehte sich um.

Der Wächterdämon Custor war kurz vor Brünhild und Filas mitten in der Luft stehen geblieben. Er hatte seine vier Klauen nach den beiden ausgestreckt, konnte sie aber nicht erreichen. Denn eine unsichtbare Kraft schien ihn wegzuziehen.

Zum Grimorium hin.

Wo Siggi stand!

Mit einem Angstschrei ließ Siggi das Grimorium fallen und sprang zur Seite, während Custor immer schneller zum magischen Buch gezerrt wurde. Der Wächterdämon heulte auf, doch er konnte dem Griff des Grimoriums nicht entkommen. Sein Körper verschwamm und wurde wieder zu dem schwarzen Nebel, als der er aus dem Buch gestiegen war. Dann saugte das Grimorium ihn mit einem lauten Schlürfen durch das Pentagramm in sich hinein.

Siggi starrte einen Moment sprachlos auf das magische Buch.

Dann gaben seine Beine nach, und er fiel völlig erledigt auf die Knie. Einen Atemzug später waren Brünhild und Filas bei ihm. Sie umarmten Siggi so fest, dass ihm die Luft wegblieb.

»Jetzt hast du auch ein Duell mit einem Wächterdämon gewonnen, Siggi!«, jubelte Filas.

»Ich wusste, dass du es schaffst«, rief Brünhild.

»Wie −?«, japste Siggi ungläubig. »Wie konntest du wissen, dass ich das schaffe und nicht vorher vor Angst in Ohnmacht falle?!«

Brünhild grinste bis über beide Ohren. »Weil du deine Freunde nicht im Stich lässt, Siggi, egal wie viel Angst du hast.«

»Ihr ...«, krächzte jemand hinter ihnen. Dolora war unglaublicherweise wieder aufgestanden. Sie sah aus, als ob sie unter den Fuß eines Riesen gekommen wäre. Doch die blanke Wut, die das Gesicht der Schwarzmagierin zu einer hässlichen Fratze verzerrte, schien sie auf den Beinen zu halten. »Ihr verdammten kleinen Heldengören ... Denkt ihr wirklich, ihr könnt mich um meinen Sieg bringen? Wenn ich mit euch fertig bin, ist das Grimorium am Ende doch mein!«

Sie murmelte eine magische Formel, und um ihre ausgestreckten Hände zuckten kleine Blitze.

Siggi schloss die Augen und hielt schützend den Arm vor sein Gesicht. Auch wenn das wohl nicht gegen schwarze Magie helfen würde.

»Ich würde den Zauberspruch an deiner Stelle lieber für dich behalten − oder du lernst meine Klinge kennen«, sagte auf einmal jemand hinter Dolora.

»Kendra!«, jubelte Filas.

Die Halbelfe hatte sich auf ihre unnachahmliche Art vollkommen unbemerkt in den Raum und an die Schwarzmagierin herangeschlichen. Nun hielt sie Dolora ihre Schwertklinge an den Hals. Die Schwarzmagierin ächzte erschrocken und verstummte.

Siggi stöhnte vor Erleichterung. Er hatte sich schon von magischen Blitzen geröstet gesehen.

Hinter Kendra tauchten jetzt Gudrun und Arden Frostklinge auf. Als die alte Walküre Siggi, Brünhild und Filas sah, seufzte sie laut und erlöst.

»Bei allen Flügelrössern, ihr lebt!«

Dann fiel der Blick der Schulleiterin auf das Grimorium, und sie runzelte die Stirn. »Ich glaube, ihr habt mir eine Menge zu erklären ...«

Arden legte ihr lächelnd eine Hand auf die Schulter. »Aber das kann bestimmt etwas warten. Die drei können sich ja kaum noch auf den Beinen halten.«

»Na schön«, brummte Gudrun. »Sie haben sich wahrscheinlich eine kleine Pause verdient. In der Zwischenzeit habe ich schon mal einige Fragen an *dich*, Arden Frostklinge.«

Arden seufzte und zog eine Grimasse. Für einen Moment sah er wie ein Schüler aus, der wegen einer Missetat zur Schulleiterin geschickt wurde.

Siggi, Brünhild und Filas konnten gar nicht anders, als zu kichern.

Die Schlacht um Burg Tollkühn war vorbei, und die Bewohner der Heldenschule hatten sie gewonnen. Nachdem die Lehrkräfte die Schurken mithilfe der Schülerinnen und Schüler und des Dienstpersonals überwältigt hatten, hatten sie sich in der Schule verteilt, um nach Siggi, Brünhild, Filas und Arden Frostklinge zu suchen. Außerdem hatte sich auch Dolora vor Ende des Kampfes verdrückt.

Der Zwerg Darx hatte Arden gefesselt im Untergeschoss des Westflügels gefunden, wo ihn Doloras Schergen zurückgelassen hatten. Nach seiner Befreiung hatte Arden die Lehrer gedrängt, Dolora zu suchen. Denn er befürchtete zu Recht, dass die Oberschurkin das Grimorium finden und mit seiner Hilfe doch noch das Blatt zu ihren Gunsten wenden würde. Und so hatten die Lehrer nicht nur Siggi, Brünhild und Filas, sondern auch Dolora und das Grimorium gefunden.

Nachdem sie von Alchemir auf Verletzungen untersucht worden waren und zum Glück keine Heilsalbe oder Heiltränke benötigten, wollten die drei Freunde nur noch eins: schlafen! Schließlich war es mittlerweile spät in der Nacht, und die Anstrengungen der letzten Stunden machten sich mit einem Schlag bemerkbar.

Siggi war so unglaublich müde, als er hinter Filas ihr Zimmer betrat und zu seinem Bett schlurfte. In dem Moment, in dem sein Kopf das Kissen berührte, war er auch schon eingeschlafen.

Am nächsten Morgen wartete ein königliches Frühstück auf die Schülerinnen und Schüler der Heldenschule. Brando und Feyda, das Halbling-Ehepaar, das die Burgküche betrieb, hatten alles aufgefahren, was die Vorratskammer zu bieten hatte.

Nach dem langen Frühstück verkündete Gudrun unter dem Jubel der Heldenschüler, dass zur Feier des Tages der Unterricht heute ausfallen würde.

Als die anderen Mädchen und Jungen gutgelaunt und mit dicken Bäuchen den Speisesaal verließen, winkte die Schulleiterin Siggi, Brünhild und Filas zu sich. Die drei sahen sich seufzend an. Sie wussten, was sie nun erwartete: Gudrun wollte die Wahrheit über alles wissen!

Wenig später saßen sie der Schulleiterin in ihrer Schreibstube im Turm gegenüber. Arden Frostklinge war ebenfalls dabei und lauschte von seinem Platz in der Ecke aus dem Gespräch.

Siggi und seine Freunde waren sich beim Frühstück einig gewesen, Gudrun nicht zu belügen, aber einige Details ihrer Geschichte unerwähnt zu lassen. Zum Beispiel, dass sie mit einem Schurkensohn befreundet waren und dass Siggi ein Geisterseher war, der sich öfters zum Schwatz mit Gudruns Großonkel traf.

Ob ihnen das auch gelingen würde, daran zweifelte Siggi jedoch stark.

»Arden hat mir bereits seinen Anteil an den Geschehnissen beschrieben«, erklärte Gudrun. »Er hat mir auch gesagt, dass euch dreien aufgefallen ist, dass er heimlich etwas im Schilde führt und ihr ihn für einen Schurken gehalten habt.« Die Walküre beugte sich über ihren Schreibtisch näher an Siggi, Brünhild und Filas heran. »Warum, bei Wotans Wackelzahn, habt ihr mir nicht davon berichtet?«

»Das haben wir doch versucht«, entgegnete Brünhild. »Als ihr

nach Mistelheim ausgerückt seid, um die Orks abzuwehren. Da
wollte ich es dir sagen, aber du hast uns abgewimmelt.«

Gudrun kniff nachdenklich die Augen zusammen.

»Hm, ja, ich erinnere mich. Aber: Warum seid ihr erst so spät
damit zu mir gekommen?«

»Weil wir dachten, dass wir nicht genug Beweise hatten«, erklärte Siggi. »Wie hätte es ausgesehen, wenn wir einen Lehrer
als Schurken beschuldigt hätten, ohne es wirklich beweisen zu
können?« Das entsprach sogar der Wahrheit. Auch wenn Siggi
die ganze Vorgeschichte dazu weggelassen hatte.

Einen Moment lang musterte die Schulleiterin Siggi schwei-
gend mit ihrem stechenden Walküren-Blick. Ihm wurde unangenehm heiß, und er spürte, wie sich Schweißperlen auf seiner
Stirn bildeten.

»Aha. Und woher wusstet ihr vom Grimorium?«, fragte Gudrun dann.

»Von mir«, warf Arden ein, bevor einer der Heldenschüler
antworten konnte. »Ich habe ihnen davon erzählt, als Doloras
Leute uns vorübergehend eingesperrt hatten. Und ich beauf-
tragte die drei, es zu suchen.«

Auch das stimmte. Obwohl die Heldenschüler natürlich
schon vorher vom Grimorium gewusst hatten.

Gudrun runzelte skeptisch die Stirn. »Ich habe das Gefühl,
dass noch ein paar Teile der Geschichte fehlen ...«

Oje, dachte Siggi. Jetzt mussten sie doch noch mit allem aus-
packen.

Doch dann fuhr Gudrun zu seiner Überraschung fort: »Für

heute reicht mir das aber. Schließlich habt ihr euch letzte Nacht wirklich sehr heldenhaft verhalten!« Die Walküre zeigte ein Lächeln, was nicht allzu oft vorkam. »Ich bin stolz auf euch drei.«

»So endet die Geschichte,
ich sag's mit einem Grinsen:
Doloras großer Schurkenplan
ging richtig in die Binsen!«

Isolde sang in schmerzhaft schräger Tonlage und schlug noch einmal kräftig in die Saiten ihrer Laute. Gespannt sah sie Siggi, Brünhild und Filas an. »Na, wie findet ihr mein Heldenlied über die Schlacht um Burg Tollkühn?«

»Ähm, es ist ...«, begann Siggi, dessen Ohren noch immer von Isoldes lautstarker Darbietung klingelten.

»... wirklich sehr lang«, fügte Brünhild hinzu.

»Und sehr laut«, ergänzte Filas. »Damit hätte man die Schurken vielleicht auch in die Flucht schlagen können.«

Isolde schien das als Kompliment zu verstehen. »Fein! Dann werde ich es jetzt Gudrun präsentieren.« Schon schulterte die Heldenschülerin ihre Laute und lief schräg vor sich hinsummend davon.

»Die wird sich freuen«, schmunzelte Brünhild und griff in einen Beutel neben sich. Sie holte einen matschigen Apfel heraus und rollte ihn Fafnir hin, der ihn schmatzend verschlang. Brünhild hatte nicht vergessen, dass der Tatzelwurm ihr in höchster Not zu Hilfe gekommen war. Zum Dank hatte sie auf den Streuobstwiesen vor der Burg einen ganzen Berg überreifer Äpfel für ihn gesammelt.

Siggi ließ seinen Blick über den Burghof streifen. Es war früher Nachmittag. Die meisten Kampfspuren der letzten Nacht waren bereits wieder beseitigt worden. Dolora und diejenigen aus ihrer Gefolgschaft, denen nach ihrer Niederlage nicht die Flucht gelungen war, hatten die Nacht in einem der alten Kerker unter der Burg verbracht – nachdem Arden und Darx ihn eingehend auf geheime Schurken-Fluchtwege untersucht hatten. Nach dem Mittagessen waren Grimma, Kendra und Jaromir mit den Gefangenen im Schlepptau aufgebrochen, um sie im berüchtigten Schurkengefängnis Balathorm abzuliefern.

Siggi glaubte, dass Kendra und Jaromir vor allem dabei waren, um Grimma davon abzuhalten, unterwegs den Tierwandler zu erwürgen, der sie in der Gestalt von Raufell hinters Licht geführt hatte. Wie sich bei einem Verhör herausgestellt hatte, war das nämlich kein Zufall gewesen. Dolora hatte im Vorfeld einen Spion nach Mistelheim geschickt, um Informationen über die Heldenschule zusammenzutragen. Dieser Spion hatte Grimma bei einem Besuch in der Schenke belauscht, als sie lautstark erzählte, dass sie sich einen Wolfshund wünschte. Und Dolora hatte erkannt, dass das eine vortreffliche Möglichkeit war, ihren Verbündeten, den Tierwandler, unbemerkt in die Heldenschule einzuschleusen. Dass ausgerechnet *sie* einen Schurken in die Burg geholt hatte, ließ Grimmas Blut noch immer hochkochen.

»Schaut mal«, sagte Filas. »Alchemir und Arden führen ihre Pferde aus dem Stall. Wo die wohl hinwollen?«

Als Arden Frostklinge die drei Heldenschüler sah, die unter Wulfriks Statue im Burghof saßen, übergab er die Zügel seines Pferdes an Fjordo, den Knecht, und kam zu ihnen rüber.

»Na, sonnt ihr euch in eurem wohlverdienten Ruhm?«, erkundigte sich der alte Held.

»Eigentlich sonnen wir uns in der Sonne«, erklärte Filas ernsthaft.

»Gehen du und Alchemir auf eine Mission?«, wollte Brünhild wissen.

Arden nickte. »Wir werden das Grimorium in der Magierakademie abliefern. Dort wird man am besten wissen, was damit zu tun ist. Aber bevor wir aufbrechen, wollte ich mich noch von euch verabschieden. Denn ich werde danach nicht zurückkommen.«

»Warum nicht?«, fragte Filas bestürzt. »War es so schlimm, uns zu unterrichten?«

Arden Frostklinge schmunzelte. »Das nicht. Gudrun hat mir sogar trotz meiner Unaufrichtigkeit ihr gegenüber angeboten, als Lehrer an der Heldenschule zu bleiben.«

»Und warum willst du das nicht?«, fragte Siggi.

Arden kniff die Augen zusammen und sah in den blauen Himmel hinauf. »Weil ich mit dem Heldenleben noch nicht fertig bin. Irgendwo da draußen könnte doch noch jemand die Hilfe von Arden Frostklinge brauchen. Mein guter Ruf mag zerstört sein, aber deswegen höre ich ja nicht auf, ein Held sein zu wollen. So etwas kann man nicht einfach ablegen wie ein altes Hemd.«

Siggi nickte. Irgendwie konnte er das verstehen. Doch er hatte noch eine Frage an den alten Helden: »Warum hast du uns eigentlich vor Gudrun in Schutz genommen? Du hast ihr nichts davon gesagt, dass wir mehr über alles wussten, als wir ihr gegenüber zugegeben haben. Und auch nicht, dass wir das Wahrheitselixier in dein Essen gemischt haben. Eigentlich sind wir dir bei deiner Geheimmission so ziemlich in die Quere gekommen.«

Arden zuckte mit den Schultern. »Das ist aber auch nur so gekommen, weil ich so arrogant war zu glauben, dass ich den Plan der Schurken allein verhindern müsste. Am Ende zählt nur, dass die Heldenschule gerettet wurde.« Der alte Held griff in die Tasche, die er sich über die Schulter geworfen hatte, und zog ein kleines Kästchen heraus, das er Siggi überreichte. »Ihr habt euch jedenfalls als würdiger Helden-Nachwuchs erwiesen, und es war mir eine Freude, euch kennenzulernen. Nehmt dieses kleine Andenken als Zeichen meiner Anerkennung.«

Neugierig versuchte Siggi das Kästchen zu öffnen. Doch es erwies sich als fest verschlossen.

Arden grinste verschmitzt. »Wie es sich für einen Schatz gehört, ist auch dieser vor allzu leichtem Zugriff geschützt. Aber Helden wie ihr werdet auch dieses Rätsel knacken. Hier ist mein Hinweis dazu:

»Wer achtsam mit Pflanzen umgeht,
die einsame Sonne ehrt,
die sich dreist im Wasser spiegelt,
und nicht verzweifelt am Wind,
der löst das Rätsel der Schatulle geschwind.«

Arden zwinkerte den drei Heldenschülern zu und wandte sich in Richtung Burgtor, wo Alchemir Probleme hatte, sein ungeduldig tänzelndes Pferd unter Kontrolle zu halten.

»Lebt wohl, ihr drei. Ich rechne fest damit, dass ich eines Tages von weiterer eurer großen Heldentaten hören werde!«

»Mach's gut, Arden! Leb wohl!«, riefen Siggi, Brünhild und Filas.

Sobald der grauhaarige Krieger und Alchemir auf ihren Pferden aus dem Burgtor geritten waren, wandten sich die Freunde dem geheimnisvollen Kästchen zu, das Siggi in den Händen hielt.

»Ich glaube, um es zu öffnen, müssen wir die vier Zeiger darauf auf die richtigen Zahlen drehen«, meinte Brünhild. »Aber was hat das mit Ardens Gedicht zu tun?«

Filas stöhnte. »Eigentlich hatte ich genug Rätsel für mindestens einen Monat!«

Siggi grinste. »Also willst du, dass ich das Kästchen für einen Monat weglege und wir es erst dann versuchen zu öffnen?«

»Auf gar keinen Fall!«, rief Filas. »Bis dahin bin ich doch vor Spannung explodiert. Vielleicht schaffen wir es ja doch noch, dieses letzte Rätsel zu lösen.«

»Das werden wir«, sagte Brünhild zuversichtlich. »Schließlich geben Helden niemals auf!«

RÄTSEL 24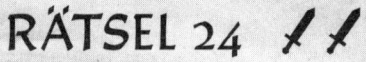

Ein letztes Rätsel erwartet dich noch: Finde heraus, wie das Kästchen geöffnet werden kann.

Wer achtsam mit Pflanzen umgeht,
die einsame Sonne ehrt,
die sich dreist im Wasser spiegelt,
und nicht verzweifelt am Wind,
der löst das Rätsel der Schatulle geschwind.

TIPPS

Sind dir die Rätsel zu knifflig? Keine Sorge, in der Bibliothek von Burg Tollkühn finden sich viele Bücher voller hilfreicher Tipps für junge Heldinnen und Helden. Sieh dir immer zuerst Tipp 1 an, und versuche damit, das Rätsel zu lösen.

Wenn dir dieser erste Tipp nicht geholfen hat, dann versuche es mit Tipp 2. Jetzt sollte es schon etwas einfacher sein! Und wenn du es danach immer noch nicht weißt – kein Problem! –, dann lies einfach die Lösung jeweils am Anfang des nächsten Kapitels.

RÄTSEL 1

Tipp 1: Das letzte Siegel ist die Krähe. Schau sie dir doch mal genauer an. Wohin zeigt ihr Schnabel?

Tipp 2: Das zweite Siegel sind die Krähenfüße. Wohin weisen die Zehenabdrücke?

RÄTSEL 2

Tipp 1: Zeichne mit einem Kugelschreiber oder einem spitzen Bleistift die Linien auf der Vorderseite des Briefs nach.

Tipp 2: Scheinen die Linien jetzt durch und ergeben sie vielleicht eine Botschaft?

RÄTSEL 3

Tipp 1: Betrachte die Bilder. Welche Waffen kannst du hier erkennen?

Tipp 2: In jedem Bild verbirgt sich auch ein Symbol. Es deutet darauf hin, welche Waffe welcher Nummer zugeordnet werden muss.

RÄTSEL 4

Tipp 1: Zeichne dir als Hilfe ein, welche Bereiche Grimma und Raufell sehen können.

Tipp 2: An der ersten Kreuzung müssen die Heldenschüler nach rechts Richtung »E« abbiegen.

RÄTSEL 5

Tipp 1: Auf dem Zettel findest du oben ein Symbol. Findest du das auch auf dem Brief wieder?

Tipp 2: Einige Buchstaben in der Nachricht müssen durch einen anderen Buchstaben ersetzt werden. So wird z. B. X zu U ...

RÄTSEL 6

Tipp 1: Die gesuchten Wörter beschreiben das Bild, unter dem sie jeweils stehen.

Tipp 2: Füge nun aus den Buchstaben, auf die die Pfeile deuten, das Lösungswort zusammen.

RÄTSEL 7

Tipp 1: Schau dir das Bild genau an. Hast du die Sterne entdeckt? Die Punkte darin geben die Reihenfolge des Zahlencodes vor.

Tipp 2: Was unterscheidet die Sterne voneinander? Die Lösung verrät dir den Zahlencode.

RÄTSEL 8

Tipp 1: Falte jeweils die Buchecken zur Mitte hin, sodass sich das Monster-Skelett ergibt.

Tipp 2: Wenn du richtig gefaltet hast, solltest du den Namen des Monsters erhalten. Die Zahlen geben die Reihenfolge der Buchstaben vor.

RÄTSEL 9

Tipp 1: Folge der richtigen Spur und beginne links am Rand bei »START«.

Tipp 2: Lass dich nicht von den unterschiedlichen Farben verwirren und versuche der richtigen Spur auf den Fersen zu bleiben.

RÄTSEL 10

Tipp 1: Lies dir noch mal aufmerksam durch, was Siggi über den Gegenstand gesagt hat.

Tipp 2: Große Gegenstände wie den Ball oder das Trinkhorn kannst du ausschließen.

RÄTSEL 11

Tipp 1: Versuche die Symbole gedanklich zusammenzufügen. Es passt immer genau ein Trank auf das Symbol, das dann entsteht.

Tipp 2: Auf die erste Beschreibung passt Trank 7. Findest du den Rest?

RÄTSEL 12

Tipp 1: Beachte die Ränder der Puzzlestücke. Versuche, sie in die richtige Reihenfolge zu bringen.

Tipp 2: Ein Stück fehlt. Schau doch mal außen auf dem Buch in deinen Händen nach.

RÄTSEL 13

Tipp 1: Sobald du den ersten Schlüssel gefunden hast, male die dafür benötigten Kästchen aus. Das hilft dir, den zweiten Schlüssel zu finden.

Tipp 2: Der obere Schlüssel ist nicht C.

RÄTSEL 14

Tipp 1: Übertrage mit einem Stift die schwarzen Felder von der Schriftrolle oben auf den Zettel mit der Zeichnung unten.

Tipp 2: Ein Feld sollte übrigbleiben. Ist das etwa die Lösung?

RÄTSEL 15

Tipp 1: Schau dir die Eingänge genau an. Würde sich etwas an ihnen verändern, wenn jemand hindurchliefe?

Tipp 2: Wäre Arden durch den dritten Gang mit der Pfütze gelaufen, hätte er Fußspuren und Wasserspritzer hinterlassen.

RÄTSEL 16

Tipp 1: Bei dem Wolf unten stimmt so einiges nicht. Achte auf Besonderheiten am Kopf.

Tipp 2: Schau dir auch die Pfoten und den Schatten genau an.

RÄTSEL 17

Tipp 1: Du hast diese Zeichen schon einmal gesehen. Schau mal auf dem Brief vorne im Buch nach.

Tipp 2: Zähl nach, wie oft jedes Zeichen vorkommt. Vielleicht ergibt sich daraus die Reihenfolge ...

RÄTSEL 18

Tipp 1: Der Trank ist nicht einfach zu finden, denn er ist unsichtbar. Aber es gibt Hinweise im Bild, die dir weiterhelfen können.

Tipp 2: Schau mal, ob etwas so im Regal steht, dass es eigentlich umfallen müsste, oder ob du einen Schatten entdeckst.

RÄTSEL 19

Tipp 1: Das gesuchte Wort besteht aus drei Teilen. Schreibe dir die Lösungen der drei Sprüche auf und füge sie zusammen.

Tipp 2: Das Geräusch ist ein »Schnurren«. Streiche hier das »en«, und du erhältst den ersten Teil des Worts.

RÄTSEL 20

Tipp 1: An den Runensteinen befinden sich Markierungen, die dir die Reihenfolge vorgeben. Kannst du sie entschlüsseln?

Tipp 2: Ein kleiner Punkt steht für eine 1, ein großer Punkt steht für eine 2.

RÄTSEL 21

Tipp 1: Halte die Seite gegen das Licht und schau durch Brünhilds Lupe.

Tipp 2: Male Brünhilds Lupe aus und halte die Rückseite gegen das Licht. Wird jetzt eine Tür besonders hervorgehoben?

RÄTSEL 22

Tipp 1: Suche jeweils am Rand nach den Mustern, die die fünf Lösungswörter ergeben haben. Die Linien führen dich dann weiter zur nächsten Seite. Achte auf die richtige Reihenfolge! Beginne mit dem Zeichen, dass du bei »Name des Wächters« herausgefunden hast.

Tipp 2: Folge den Linien. Sie geben dir die Richtungen an, in die der Wächterdämon angreifen wird. Trage sie dort ein.

RÄTSEL 23

Tipp 1: Lies dir S. 206 gut durch, und finde die Buchstaben, die unten mithilfe der Attacken gesucht werden.

Tipp 2: Gehe nun zu S. 205. Findest du dort die Buchstaben von S. 206 wieder? Dann wird dir auch die Reihenfolge der Edelsteine gezeigt. Sie verstecken sich in den Fünfecken.

RÄTSEL 24

Tipp 1: Lies dir das Gedicht aufmerksam durch. Vielleicht findest du dann Hinweise auf die Symbole und die Zahlen.

Tipp 2: In der ersten Zeile erfährst du, dass das Rädchen mit der Pflanze auf die Nummer 8 gestellt werden muss – »Wer *acht*sam mit Pflanzen umgeht«.

BSP.: WIE BEENDET MAN EINEN SATZ?

1 NAME DES WÄCHTERS **ic**

2 GEBURTSORT DES WÄCHTERS **ht**

3 TRANK DER SCHATTENMAGIE **st**

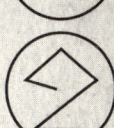

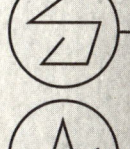

4 NAME DES MONSTERS **nl**

5 GRÖßTER SCHURKE ALLER ZEITEN **er**

BLÄTTERE ERST WEITER, WENN DU DAZU AUFGEFORDERT WIRST!

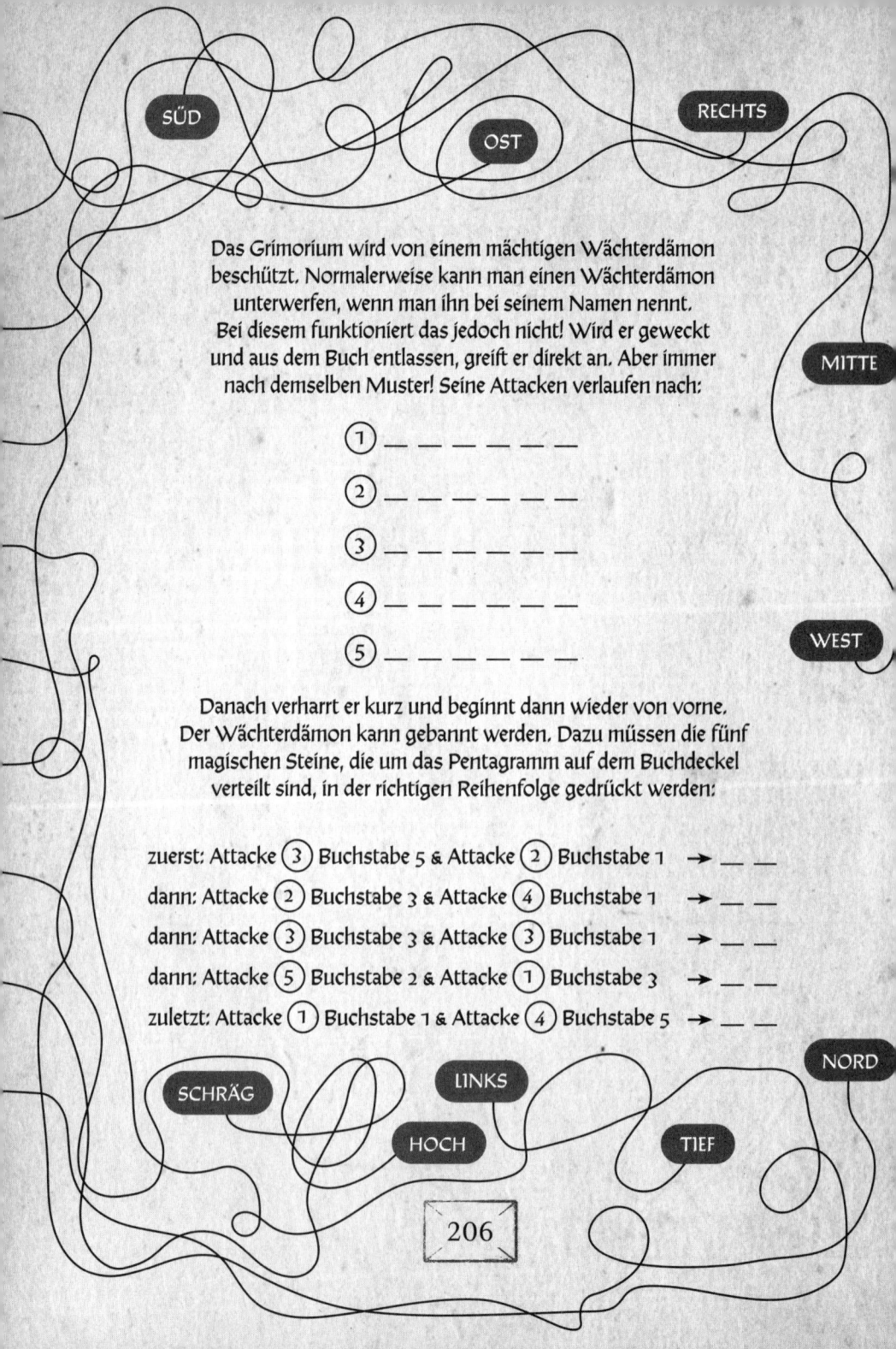

SÜD

OST

RECHTS

MITTE

Das Grimorium wird von einem mächtigen Wächterdämon beschützt. Normalerweise kann man einen Wächterdämon unterwerfen, wenn man ihn bei seinem Namen nennt. Bei diesem funktioniert das jedoch nicht! Wird er geweckt und aus dem Buch entlassen, greift er direkt an. Aber immer nach demselben Muster! Seine Attacken verlaufen nach:

① _ _ _ _ _ _

② _ _ _ _ _

③ _ _ _ _ _ _

④ _ _ _ _ _

⑤ _ _ _ _ _

WEST

Danach verharrt er kurz und beginnt dann wieder von vorne. Der Wächterdämon kann gebannt werden. Dazu müssen die fünf magischen Steine, die um das Pentagramm auf dem Buchdeckel verteilt sind, in der richtigen Reihenfolge gedrückt werden:

zuerst: Attacke ③ Buchstabe 5 & Attacke ② Buchstabe 1 → _ _

dann: Attacke ② Buchstabe 3 & Attacke ④ Buchstabe 1 → _ _

dann: Attacke ③ Buchstabe 3 & Attacke ③ Buchstabe 1 → _ _

dann: Attacke ⑤ Buchstabe 2 & Attacke ① Buchstabe 3 → _ _

zuletzt: Attacke ① Buchstabe 1 & Attacke ④ Buchstabe 5 → _ _

NORD

SCHRÄG

LINKS

HOCH

TIEF

ERLEBE WEITERE ABENTEUER AUF BURG TOLLKÜHN!

Siggi soll in die Fußstapfen seiner berühmten Eltern Siegfried und Kriemhild treten und auf Burg Tollkühn zum Helden ausgebildet werden. Doch das ist leichter gesagt als getan, denn Siggi hat vor so ziemlich allem Angst – selbst vor der kleinsten Spinne! Gut, dass ihm die ehrgeizige Amazone Brünhild und der tollpatschige Elf Filas zur Seite stehen. Als aus einer Übung plötzlich eine echt gefährliche Mission wird, müssen sie beweisen, dass sie reif für ihre erste Heldentat sind. Und als es bald darauf zu mysteriösen Vorkommnissen auf Burg Tollkühn kommt, müssen die drei herausfinden, wer dahintersteckt. Doch es ist gar nicht so leicht, ein Held zu sein!

BURG TOLLKÜHN

BURG TOLLKÜHN –
VERRAT AUF DER HELDENSCHULE

Entdecke die spannende Welt der
GEHEIMNISSE und RÄTSEL!

Bist du bereit für die

GEHEIM!

Bücher?

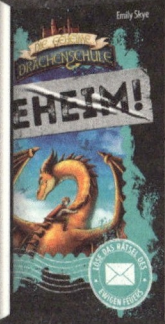

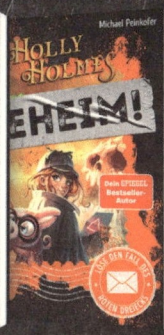

Lucy K. Walker

Die Tintenjäger:
Löse das Rätsel der
magischen Bibliothek

Emily Skye

Die geheime
Drachenschule:
Löse das Rätsel der
Zwillingsflammen

Emily Skye

Die geheime
Drachenschule:
Löse das Rätsel des
ewigen Feuers

Michael Peinkofer

Holly Holmes:
Löse das Rätsel des
roten Dreiecks

Amelie Benn

Agentur für
magische Wesen:
Löse das Rätsel des
Seeungeheuers

1 MYSTERIÖSER BRIEF
25 PACKENDE RÄTSEL
100 % NERVENKITZEL

BRÜNHILD

Heldentum = ⛉⛉⛉⛉⛉
Mut = ⛉⛉⛉⛉
Regeln brechen = ⛉⛉
Schummeln = ☠

SIGGI

Mut = ☠
Wissen = ⛉⛉⛉⛉
Ideen = ⛉⛉⛉⛉⛉
Schwertkampf = ⛉

FILAS

Aufmerksamkeit = ⛉
Schleichen = ☠
Begeisterung = ⛉⛉⛉⛉⛉
Schnelligkeit = ⛉⛉⛉⛉